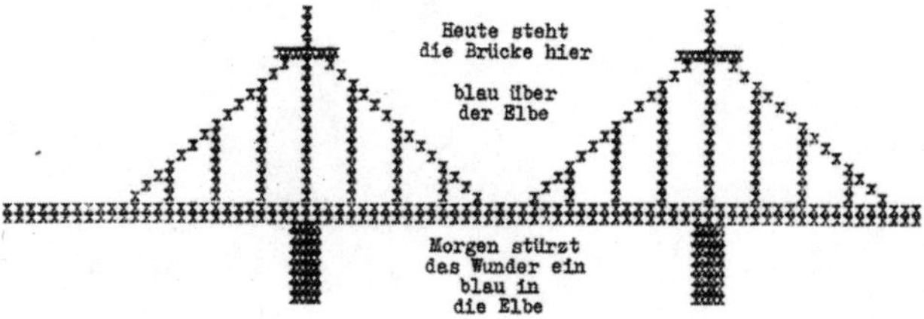

Michael Wüstefeld *Blaues Wunder*

Dresden – die verwundete, genesene, verwandelte Stadt. In der Literatur längst zur Legende geworden, als Weltkulturerbe registriert, ist dieses ›Elbflorenz‹ dennoch höchst lebendig.

Schriftsteller, die in den letzten fünfzig Jahren in Dresden geboren wurden, lebten oder leben, besichtigen und beschreiben einen Mythos. Sie erzählen von der Stadt, von den Elblandschaften, von Nachtgedanken und Dampfschiffnudeln, von der großen Flut und der neuen Frauenkirche, von der unnahbaren *Sixtinischen Madonna* Raffaels und der sehr nahbaren *Schlummernden Venus* Giorgiones.

In seinem Nachwort skizziert der Herausgeber Detlev Schöttker die große literarische Tradition Dresdens und setzt sie in Bezug zur Gegenwart.

Dresden

Eine literarische Einladung

Herausgegeben von
Detlev Schöttker

Verlag Klaus Wagenbach Berlin

Inhalt

I Verwüstungen 7

Victor Klemperer *Die Dresdener Vernichtung* 9
Harry Mulisch *Das steinerne Brautbett* 16
B. K. Tragelehn *Grundschule* 22
Volker Braun *Dresdens Andenken* 23
Marcel Beyer *Auf Totengrund* 28

II Landschaft 39

Wulf Kirsten *die erde bei Meißen* 41
Wolf Biermann *Die Elbe bei Dresden* 43
B. K. Tragelehn *Dresdener Elegie* 45
Thomas Rosenlöcher *Dampfschiffnudeln* 46
Uwe Tellkamp *Auffahrt* 58
Volker Braun *Die Sächsische Flut 2002* 68
Jörg Bernig *schichten/aufgeschlagen* 70

III Stadtbesichtigungen 73

Volker Braun *Der Schlamm* 75
Michel Leiris *Besuch in Dresden* 85
Durs Grünbein *Madonna und Venus* 87
Heinz Czechowski *Atelier* 98
Karl Mickel *Frauenkirche* 101
Christian Lehnert *Zwinger* 103
Durs Grünbein *Tschaikowski-Allee* 104
Roman Israel *DD* 105

Marcel Beyer *Das Hausbuch* 106
Barbara Köhler *Dresden der klassische Blick* 112
Ingo Schulze *Nachtgedanken* 113

Detlev Schöttker *Dresden als poetischer Raum (Nachwort)* 123
Ausgewählte Literatur 133
Dresden im Film 135
Autoren und Quellen 137

Inhalt

I Verwüstungen 7

Victor Klemperer *Die Dresdener Vernichtung* 9
Harry Mulisch *Das steinerne Brautbett* 16
B. K. Tragelehn *Grundschule* 22
Volker Braun *Dresdens Andenken* 23
Marcel Beyer *Auf Totengrund* 28

II Landschaft 39

Wulf Kirsten *die erde bei Meißen* 41
Wolf Biermann *Die Elbe bei Dresden* 43
B. K. Tragelehn *Dresdener Elegie* 45
Thomas Rosenlöcher *Dampfschiffnudeln* 46
Uwe Tellkamp *Auffahrt* 58
Volker Braun *Die Sächsische Flut 2002* 68
Jörg Bernig *schichten/aufgeschlagen* 70

III Stadtbesichtigungen 73

Volker Braun *Der Schlamm* 75
Michel Leiris *Besuch in Dresden* 85
Durs Grünbein *Madonna und Venus* 87
Heinz Czechowski *Atelier* 98
Karl Mickel *Frauenkirche* 101
Christian Lehnert *Zwinger* 103
Durs Grünbein *Tschaikowski-Allee* 104
Roman Israel *DD* 105

Marcel Beyer *Das Hausbuch* 106
Barbara Köhler *Dresden der klassische Blick* 112
Ingo Schulze *Nachtgedanken* 113

Detlev Schöttker *Dresden als poetischer Raum (Nachwort)* 123
Ausgewählte Literatur 133
Dresden im Film 135
Autoren und Quellen 137

I

Verwüstungen

Victor Klemperer

Die Dresdener Vernichtung am 13. und 14. (Dienstag, Mittwoch) Februar 1945

Piskowitz, 22.–24. Februar

Wir setzten uns am Dienstag abend gegen halb zehn zum Kaffee, sehr abgekämpft und bedrückt, denn tagsüber war ich ja als Hiobsbote herumgelaufen, und abends hatte mir Waldmann aufs bestimmteste versichert (aus Erfahrung und neuerdings aufgeschnappten Äußerungen), daß die am Freitag zu Deportierenden in den Tod geschickt (»auf ein Nebengleis geschoben«) würden, und daß wir Zurückbleibenden acht Tage später ebenso beseitigt werden würden – da kam Vollalarm. »Wenn sie doch alles zerschmissen!« sagte erbittert Frau Stühler, die den ganzen Tag herumgejagt war, und offenbar vergeblich, um ihren Jungen freizubekommen. – Wäre es nun bei diesem ersten Angriff geblieben, er hätte sich mir als der bisher schrecklichste eingeprägt, während er sich jetzt, von der späteren Katastrophe überlagert, schon zu allgemeinem Umriß verwischt. Man hörte sehr bald das immer tiefere und lautere Summen nahender Geschwader, das Licht ging aus, ein Krachen in der Nähe ... Pause des Atemholens, man kniete geduckt zwischen den Stühlen, aus einigen Gruppen Wimmern und Weinen – neues Herankommen, neue Beengung der Todesgefahr, neuer Einschlag. Ich weiß nicht, wie oft sich das wiederholte. Plötzlich sprang das dem Eingang gegenüber gelegene Kellerfenster der Rückwand auf, und draußen war es taghell. Jemand rief: »Brandbombe, wir müssen löschen!« Zwei Leute schafften auch die Spritze heran und arbeiteten hörbar. Es kamen neue Einschläge, aber vom Hofe her ereignete sich nichts. Und dann wurde es ruhiger, und dann kam Entwarnung. Zeitgefühl war mir verlorengegangen. Draußen war es taghell. Am Pirnaischen Platz, in der Marschallstraße und irgendwo an oder über der Elbe brannte es lichterloh. Der Boden war mit Scherben bedeckt. Ein furchtbarer Sturmwind blies. Natürlicher oder Flammensturm? Wohl beides. Im Treppenhaus der Zeughausstraße 1 waren die Fensterrahmen eingedrückt und lagen z.T. hindernd auf den Treppen. Bei uns oben Scherben. Fenster eingedrückt auf der Diele und nach der Elbe hin, im Schlafzimmer nur eines; auch in der Küche Fenster zerbrochen, Verdunkelung entzwei. Licht versagte, Wasser fehlte. Man sah große Brände über der Elbe und an der Marschallstraße. Frau Cohn berichtete, in ihrem Zimmer seien Möbel vom Luftdruck verrückt. Wir stellten eine Kerze auf den Tisch, tranken ein bißchen kalten Kaffee, aßen ein paar Brocken, tappten durch die Scherben, legten uns zu Bett. Es war nach Mitternacht – heraufgekommen waren wir um elf –, ich dachte: Nur schlafen, das Leben ist gerettet, für heute nacht werden wir Ruhe haben, jetzt nur die Nerven beruhigen! Eva sagte im Hinlegen: »Das sind doch Scherben in meinem Bett!« – Ich hörte sie aufstehen, räumen, dann schlief ich schon. Nach einer Weile, es muß nach ein Uhr gewesen sein, sagte Eva: »Alarm.« – »Ich habe nichts gehört.« – »Bestimmt. Es ist leise gewesen, sie fahren Handsirenen herum, Strom fehlt.« – Wir standen auf, Frau Stühler rief an unserer Tür »Alarm«, Eva klopfte bei Frau Cohn an – von beiden haben wir nichts mehr gehört – und eilten hinunter. Die Straße war taghell und fast leer, es brannte, der Sturm blies wie vorher. Vor der Mauer zwischen den beiden Zeughausstraßen-Häusern (der Mauer des einstigen Synagogenhofes mit den Baracken dahinter) stand wie gewöhnlich ein Stahlhelmposten. Ich fragte im Vorbeigehen, ob Alarm sei. – »Ja.« – Eva war zwei Schritte vor mir. Wir kamen in den Hausflur der Nr. 3. Indem ein schwerer naher Einschlag. Ich drückte mich kniend an die Wand in der Nähe der Hoftür. Als ich aufsah, war Eva verschwunden, ich glaubte sie in unserem Keller. Es war ruhig, ich stürzte über den Hof in unsern Judenkeller. Die Tür klaffte. Eine Gruppe Leute kauerte wimmernd rechts der Tür, ich kniete links dicht am Fenster. Ich rief mehrmals nach Eva. Keine Antwort. Schwere Einschläge. Wieder sprang das Fenster an der Wand gegenüber auf, wieder Taghelle, wieder wurde gespritzt. Dann ein Schlag am Fenster neben mir, etwas schlug heftig und glutheiß an meine rechte Gesichtsseite. Ich griff hin, die Hand war voller Blut, ich tastete das Auge ab, es war noch da. Eine Gruppe Russen – wo kamen sie her? – drängte zur Tür hinaus. Ich sprang zu ihnen. Den Rucksack hatte ich auf dem Rücken, die graue Tasche mit unseren Manuskripten und Evas Schmuck in der Hand, der alte Hut war mir entfallen. Ich stolperte und fiel. Ein Russe hob mich auf. Seitlich war eine Wölbung, weiß Gott, welcher schon halb zerstörte Keller. Da drängte man herein. Es war heiß. Die Russen liefen in irgendeiner andern Richtung weiter, ich mit ihnen. Nun stand man in einem offenen Gang, geduckt, zusammengedrängt. Vor mir lag ein unkenntlicher großer freier Platz, mitten in ihm ein ungeheurer Trichter. Krachen, Taghelle, Einschläge. Ich dachte nichts, ich hatte nicht einmal Angst, es war bloß eine ungeheure Spannung in mir, ich glaube, ich erwartete das Ende. Nach einem Augenblick kletterte ich über irgendein Gewölbe oder eine Brüstung oder Stufe ins Freie, stürzte mich in den Trichter, lag ein Weilchen platt an den Boden gedrückt, kletterte dann den Trichter aufwärts, über einen Rand in ein Telefonhäuschen. Jemand rief: »Hierher, Herr Klemperer!« In dem demolierten Aborthäuschen nebenan stand Eisenmann sen., Schorschi auf dem Arm. »Ich weiß nicht, wo meine Frau ist.« – »Ich weiß nicht, wo meine Frau und die andern Kinder sind.« – »Es wird zu heiß, die Holzverschalung brennt ... drüben, die Halle der Reichsbank!« Wir rannten in eine flammenumgebene, aber fest aussehende Halle. Die Bombeneinschläge schienen für hier vorüber, aber ringsum flammte alles lichterloh. Ich konnte das Einzelne nicht unterscheiden, ich sah nur überall Flammen, hörte den Lärm des Feuers und des Sturms, empfand die fürchterliche innere Spannung. Nach einer Weile sagte Eisenmann: »Wir müssen zur Elbe herunter, wir werden durchkommen.« Er lief mit dem Kind auf der Schulter abwärts; nach fünf Schritten war mein Atem weg, ich konnte nicht folgen. Eine Gruppe Leute kletterte die Anlagen hinauf zur Brühlterrasse; es ging dicht an Bränden vorbei, aber oben mußte es sich kühler und freier atmen lassen. Ich stand dann oben, im Sturmwind und Funkenregen. Rechts und links flammten Gebäude, das Belvedere und – wahrscheinlich – die Kunstakademie. Immer wenn der Funkenregen an einer Seite zu stark wurde, wich ich nach der andern zu aus. Im weiteren Umkreis nichts als Brände. Diesseits der Elbe besonders hervorragend als Fackel der hohe Aufbau am Pirnaischen Platz, jenseits der Elbe weißglühend, taghell das Dach des Finanzministeriums. Allmählich kamen mir Gedanken. War Eva verloren, hatte sie sich retten können, hatte ich zu wenig an sie gedacht? Ich hatte die Wolldecke – *eine*, die andere war mir wohl mit dem Hut verlorengegangen – um Kopf und Schultern gezogen, sie verdeckte auch den Stern, ich trug in den Händen die kostbare Tasche und – richtig, auch den Lederhandkoffer mit Evas Wollsachen, wie ich den bei all der Kletterei festgehalten habe, ist mir rätselhaft. Der Sturm riß immer wieder an meiner Decke, tat mir am Kopf weh. Es hatte zu regnen begonnen, der Boden war naß und weich, dort mochte ich nichts hinstellen, so hatte ich schwere körperliche Anstrengung, und das betäubte wohl und lenkte ab. Aber zwischendurch war immer wieder als dumpfer Druck und Gewissenstich da, was mit Eva sei, warum ich nicht genug an sie dächte. Manchmal meinte ich: Sie ist geschickter und mutiger, sie wird in Sicherheit sein; manchmal: Wenn sie wenigstens nicht gelitten hat! Dann wieder bloß: Wenn die Nacht vorüber wäre! Einmal bat ich Leute, meine Sachen einen Moment auf ihre Kiste stellen zu dürfen, um mir die Decke zurechtziehen zu können. Einmal sprach mich ein Mann an: »Sie sind doch auch Jude? Ich wohne seit gestern in Ihrem Haus« – Löwenstamm. Seine Frau reichte mir eine Serviette, mit der ich mein Gesicht verbinden sollte. Der Verband hielt nicht, ich habe die Serviette dann als Taschentuch benutzt. Ein andermal kam ein junger Mensch an mich heran, der sich die Hosen festhielt. In gebrochenem Deutsch: Holländer, gefangen (daher ohne Hosenträger) im PPD. »Ausgerissen – die andern verbrennen im Gefängnis.« Es regnete, es stürmte, ich kletterte ein Stück hinauf bis an die z.T. abgestürzte Brüstung der Terrasse, ich kletterte wieder hinunter in Windschutz, es regnete immerfort, der Boden war glitschig, Menschengruppen standen und saßen, das Belvedere brannte, die Kunstakademie brannte, überall in der Ferne war Feuer – ich war durchaus dumpf. Ich dachte gar nichts, es tauchten nur Fetzen auf. Eva – warum sorge ich mich nicht ständig um sie – warum kann ich nichts im Einzelnen beobachten, sondern sehe nur immer das Bühnenfeuer zur Rechten und zur Linken, die brennenden Balken und Fetzen und Dachsparren in und über den steinernen Mauern? Dann machte mir wieder der ruhige Denkmalsmann auf der Terrasse seltsamen Eindruck – wer war es? Aber die meiste Zeit stand ich wie im Halbschlaf und wartete auf die Dämmerung. Sehr spät fiel mir ein, mein Gepäck zwischen die Zweige eines Buschs zu klemmen: Da konnte ich etwas freier stehen und meine Schutzdecke etwas besser zusammenhalten. (Den Lederkoffer übrigens hat doch Eva gehabt; immerhin waren die Tasche und der Rucksack beschwerend genug.) Das verkrustete Wundgefühl um das Auge herum, das Reiben der Decke, die Nässe wirkten auch betäubend. Ich war ohne Zeitgefühl, es dauerte endlos und dauerte auch wieder gar nicht so lange, da dämmerte es. Das Brennen ging immer weiter. Rechts und links war mir der Weg nach wie vor gesperrt – ich dachte immer: Jetzt noch zu verunglücken wäre jämmerlich. Irgendein Turm glühte dunkelrot, das hohe Haus mit dem Türmchen am Pirnaischen Platz schien stürzen zu wollen – ich habe aber den Einsturz nicht gesehen –, das Ministerium drüben brannte silberblendend. Es wurde heller, und ich sah einen Menschenstrom auf der Straße an der Elbe. Aber ich getraute mich noch immer nicht hinunter. Schließlich, wohl gegen sieben, die Terrasse – die den Juden verbotene Terrasse – war schon ziemlich leer geworden, ging ich an dem immerfort brennenden Belvedere-Gehäuse vorbei und kam an die Terrassenmauer. Eine Reihe Leute saß dort. Nach einer Minute wurde ich angerufen: Eva saß unversehrt in ihrem Pelz auf dem Handkoffer. Wir begrüßten uns sehr herzlich, und der Verlust unserer Habe war uns vollkommen gleichgültig, und ist es uns auch heute noch. Eva war in dem kritischen Moment aus dem Flur der Zeughausstraße 3 von irgend jemandem buchstäblich in den arischen Luftkeller heruntergerissen worden, sie war durch das Kellerfenster auf die Straße gelangt, hatte beide Häuser 1 und 3 in vollen Flammen gesehen, war eine

Weile im Keller des Albertinums gewesen, dann durch Qualm an die Elbe gelangt, hatte die weitere Nacht teils elbaufwärts mich gesucht, dabei die Vernichtung des Thammhauses (also unseres gesamten Mobiliars) festgestellt, teils in einem Keller unter dem Belvedere gesessen. Einmal auf ihrem Suchweg hatte sie eine Zigarette anzünden wollen und keine Streichhölzer gehabt; am Boden glühte ein Stück, sie wollte es benutzen – es war ein brennender Leichnam. Im ganzen hatte sich Eva viel besser gehalten als ich, viel ruhiger beobachtet und sich selber dirigiert, trotzdem ihr beim Herausklettern Bretter eines Fensterflügels an den Kopf gefallen waren. (Zum Glück war er dick und blieb unverletzt.) Der Unterschied: Sie handelte und beobachtete, ich folgte meinem Instinkt, anderen Leuten und sah gar nichts. Nun war es also Mittwoch morgen, der 14.2., und wir hatten das Leben gerettet und waren beisammen.

Harry Mulisch

Das steinerne Brautbett

13. Februar 1945. – Corinth horchte, versuchte zu horchen, aber zwischen ihm und den Worten war etwas, und er dachte, ich kann nichts verstehen von dem, was er sagt. Sie lagen im Bett. In den Bergen am Horizont dröhnten russische Geschütze. Ein Armeeauto mit Holzvergaser rollte scheppernd durch die Straße, denn Reifen gab es keine mehr. Vom Platz um die Ecke tönten Befehle und Schreie; in der Stadt herrschte ein Gewimmel wie in einer Vogelhandlung, Schwärme von Flüchtlingen, auf der Flucht vor der Front, schliefen in den Parks, auf den Elbwiesen. Hitler hockte entfesselt und erschöpft unter seiner zerstörten Hauptstadt und fraß Schokolade und süßen Kuchen, umringt von seinen Astrologen, Henkern und Medizinmännern. Auch wenn die Sonne noch aus blauem Himmel auf Dresden schien, gab es keine Sonne mehr, und der Himmel war aus Stein, eine alte Mauer. Wer es nicht miterlebt hat, wird es nie verstehen können. Die Stadt war tot, ehe sie starb; die Straßen und Kirchen existierten im Raum, aber es war nicht mehr die Erde, auf der sie standen: Etwas fehlte, man schrieb nicht das Jahr 1945, man war außerhalb der Geschichte, hunderttausend Jahre vor Christus. Erstaunlicher, als wenn ein Dinosaurier eines Tages sein Nest auf dem Innenhof des Zwingers gebaut hätte, war die Tatsache, daß niemand ein solches Tier in der Stadt entdeckt hat.

Tod. Erwachen. Als der Große Kakerlak sah, daß überall seine Gänge zerstört wurden, begann sein Todeskampf. Nur um darin zu sterben, hatte er die Gänge gegraben, ein Höhlentier, das Karten las; jetzt endlich fühlte er sich auf der Erde zu Hause, sie war die seine geworden, niemand erkannte sie wieder; in 12 Jahren war ihm das gelungen; die 12 Tore der heiligen Stadt, das Neue Jerusalem, das nun aus dem Himmel auf die Erde herabsank, gekleidet wie eine Braut, die für ihren Mann geschmückt ist, der Ring aus Feuer und Toten schloß sich langsam um ihren Keller – danach hatte es sich gesehnt, das heiße, läufige, brünstige Vieh, und das *wußte* es – die dunklen Heere aus dem Osten, der funkelnde Invasionsbasar aus dem Westen umschlangen es beruhigend, ein naschendes Kind, ein zerbrechendes Spermatozoon: wie im Mutterschoß.

»Er stand natürlich wieder am Dachfenster«, sagte die Frau. Wieder war es die Frau, die redete. »Er ging nicht in den Keller, er nicht. Dresden war den ganzen Krieg über verschont geblieben, weil die Stadt eine Kunstmetropole war, müssen Sie wissen. Wir hatten schon so oft Luftalarm gehabt, aber nie war etwas passiert. Manchmal sagt er, daß er es nicht glauben konnte, daß sie uns so vernaschen würden, die Engländer. Leuchtkugeln, Sie verstehen. In den Straßen sah er die Menschen rennen, als ob die Sonne schiene.«

»Waren es Engländer?« fragte Schneiderhahn.

»Nachts kamen doch immer die Engländer«, sagte der Mann und sah auf Corinth, der nickte und aus den Augenwinkeln nach Schneiderhahn sah. Der starrte auf die lange Zigarre zwischen seinen Fingern.

»Als er in den Keller kam, sah ich, daß er vor Angst halb verrückt geworden war. Ich saß mit unserer kleinen Tochter im Kohlenkeller. Sie schlief. Die meisten schliefen übrigens, in Decken gehüllt. Es war sehr voll. Er winkte uns zu sich, und wir saßen dann in der Nähe der Tür, aber er traute sich nicht, uns zu sagen, was er gesehen hatte. Niemand ahnte etwas. Wir hörten zwar Flugzeuge, aber es waren schon öfter Abfangjäger über die Stadt geflogen. Und eigentlich war der Krieg doch auch vorbei.«

Die Frau redete, und der Mann nickte nur noch mit dem Kopf. Plötzlich, als ob der Rufer länger darüber nachgedacht hätte, was er rufen sollte, brüllte bei der Tür jemand laut, um die anderen aufzuhetzen, worauf wütendes Geschrei losbrach. War es der Lustmolch? Der krankhaften Rache der Ehemänner entkommen? Die Frau wandte sich an Hella.

»Nun, und dann ging es los. Wir wurden durchgeschüttelt. Die ganze Bude wackelte. Plötzlich bebte es überall. Wir starrten zur Decke, niemand machte einen Mucks. Es war, als ob der Himmel hinabstürzte. Ich hab's vergessen«, sagte sie und legte ihre mit vier eisernen Ringen, die am kleinen Finger und am Zeigefinger steckten, geschmückte Hand auf den Tisch. »Ich glaube, er hielt uns in seinen Armen. Ich weiß es nicht mehr ... Plötzlich stürzte das Haus in den Keller.«

Corinth spürte Hellas Bein an seinem Bein. Wer hatte sich bewegt? Im gleichen Augenblick wuchs die Kraft in seiner Hose: eine Kanone, die sich am Atlantikwall aus der Tarnung auf das Meer hinaus schiebt. Er zog das andere Bein zu sich heran und stieß dabei mit seinem Knöchel gegen einen Stock, der schräg unter den Tisch ragte.

»Entschuldigung«, sagte die Frau und lächelte ihn an. Er starrte sie an. Der Stock bewegte sich weg. Hellas Bein verschwand.

»Hinterher weiß man nicht mehr, wie alles passiert ist. Er war bis zu den Schultern zwischen Steinen eingeklemmt, und ein Körper bedeckte sein Gesicht. Auch wenn er hätte rufen können, hätte ich ihn nicht gehört. Tausende von Menschen hörte ich schreien, die ganze

Stadt schrie, und dann die Bomben, und die Flugzeuge, und die Häuser, die einstürzten ... Ich konnte ihm nicht helfen, ich wußte nicht, wo er war und wo ich selbst mich befand. Fragen Sie ihn nur selbst, eine Stunde lang strömte Blut über sein Gesicht, und er wußte nicht, ob es sein eigenes war oder das von dem anderen: ein Griechischlehrer«, sagte sie, als ob sie sagen wollte: Das kommt davon.

»Und Sie selbst?« fragte Hella mit großen Augen, als ob noch alles möglich sei, der Ausgang ungewiß, als ob ihr die Tränen in die Augen schießen würden, wenn die Frau sagte: Ich war auf der Stelle tot.

»Sie lag auf der Straße«, sagte der Mann. »Mit dem Kind. Wie das passierte, weiß ich nicht. Sie wickelte das Kind in ihre Röcke und flüchtete zwischen den Feuerwänden. Alles brannte, die ganze Stadt, die Straßen waren zu Öfen geworden, aber die Flammen waren vor lauter Rauch beinahe nicht zu sehen. Innerhalb einer halben Minute wurden die Haare und die Kleider von ihrem Körper gesengt, der Rauch hätte sie beinahe erstickt, und es kam noch dazu, daß das Feuer den ganzen Sauerstoff verbrauchte. Sie erzählte, daß es überall nach verbranntem Fleisch stank. Auf einem Platz fand sie eine Teemütze, die sie sich auf den Kopf setzte. Dort konnte sie sich ein wenig ausruhen, als sie in Deckung gehen mußte: Bomben fielen zwischen die böhmischen Flüchtlinge, die wie blutige Maden durcheinanderkrochen. Menschen mit halbierten Körpern schleppten sich ins Feuer, um nur ja schnell zu sterben, ein Mann schlug auf dem Pflaster ein zerfetztes Kind tot.«

»... wohlan, Limbo, gib die Blendlaterne nur ...« (: ein schwarzhaariger Mann links unten).

»Und dann brach der Sturm los. Er entstand durch Unterschiede im Luftdruck oder so ähnlich. Das stand jedenfalls später in den Zeitungen. Wegen der Hitze in der Stadt kam von den Hügeln ein Sturm. Daraufhin brannte natürlich alles noch viel schlimmer, aber es kam wenigstens Luft, Sie verstehen. Ich weiß bis heute nicht, wie sie das geschafft hat, aber sie lief weiter; keine Ahnung wohin und wie lange. Die Bombenangriffe hörten jedenfalls auf, nur hier und da war noch eine Maschine am Himmel zu sehen. Ich weiß nicht wie, aber auf jeden Fall kam sie plötzlich aus der Glut in eine Art Kühle. Sie konnte nichts mehr sehen, wissen Sie, wenigstens fast nichts, aber plötzlich spürte sie, daß sie über Gras lief und daß überall Menschen lagen, und dann erreichte sie das Wasser. Die Elbe. Sie sagt, selbst im Himmel kann es nicht ein solches Gefühl der Seligkeit geben wie damals im Wasser der Elbe. Überall standen Menschen, bewegungslos, bis über die Schultern im Wasser, niemand stöhnte oder sprach. Alle standen sie nur im Wasser. Sie verschaffte dem Kind Kühlung, nahm es über die Schulter und ging so weit wie möglich ins Wasser. Und dann kam das Flugzeug. In vielleicht zehn Metern Höhe kam es mit den Schreien der Menschen. Es feuerte aus allen Kanonen, aber wenn Sie mich fragen, dann nahm sie das schon nicht mehr richtig wahr, was dort geschah. Sie dachte, irgendwas hätte in ihr Bein gebissen, und das Kind rutschte ihr aus den Armen, und sie tastete um sich herum im Wasser, und sie konnte es nicht mehr finden ...«

Der Mann schwieg. Die Frau nickte verlegen und wischte über ihre Wange. Günther nahm seine Finger vom Tisch, als ob schon der Anblick der Finger für jemanden, der ein Kind verloren hat, verletzend wäre. Hellas Handtasche, in die sie die Puderdose getan hatte, machte Knipp! Hella deckte die Hand über den Verschluß und starrte auf den Tisch.

»Vielleicht war es schon seit Stunden tot«, sagte der Mann, während er nach seinem Portemonnaie suchte.

»Wir haben uns darauf geeinigt«, sagte er, »daß es wohl schon gleich zu Beginn des Angriffs tot war.« Fragend sah er nach Schneiderhahn. »Noch mehr interessante Vorkommnisse? Wie ich mich nach achtundvierzig Stunden aus dem Keller retten konnte und ich ein Mädchen erwürgte, das mich darum bat? Wie wir die Schienen aus den Straßen brachen und tagelang mit Flammenwerfern Leichen verbrannten?«

Schneiderhahn war Der Erschütterte.

B. K. Tragelehn

Grundschule

Die Vaterstadt wie find ich sie doch
Der Wind weht über die leeren Flächen
Zwischen den wenigen neu aufgebauten
Und wenigeren übrig gebliebenen Häusern.
Die Bomber unter denen im Keller das Kind
Das ich war gehockt hat ums Leben zitternd
Während die Einschläge näher rückten
Das Licht verlöschte die Wände schwankten
Die Bomber flogen erleichtert nachhause
Und ich stieg heraus aus dem Keller an
Die Wand gedrückt weil Feuer tropfte schiß
Ins Gebüsch auf dem Platz und sah erleichtert
Die Stadt brennt. Achtjährig hatte ich
Zum ersten Mal ein Urteil. Sie gefiel mir.
Damit etwas kommt muß etwas gehen

Volker Braun

Dresdens Andenken

Die wilden Büsche über den Ruinen.
Grün aus den schwarzen Steinen loht es auf.
Erloschne Städte. Feurige Lupinen
Und Witwen ziehen in den Trümmerhauf.

Dresden ist meine Heimat, der heimliche Grund, der überwachsene Abgrund. Die erste Erinnerung: an die Geborgenheit, in dem einzelnen Gebüsch auf der Rochwitzer Höhe auf dem Rückweg vom Fleischer, Rufe aus einem Gehöft, und meine Mutter war mit dem Kinderwagen feldein gerannt, ich duckte mich an ihre Knie, während der Tiefflieger über uns hinzog. Die zweite Erinnerung, an den Vater: wie uns fünf Söhnen der beste Mensch, auf der Veranda sitzend, das schrecklichste Ding erklärt, sein Gewehr. Er fiel am letzten Kampftag. Am 13. FEBRUAR lag die Wäsche auf der Bleiche, ein Sonnentag, wir Kinder in Fastnachtssachen; im Schlaf nachts Fliegeralarm. Im Luftschutzkeller unter Wolldecken hörten wir das Tosen in der Luft, nach der Entwarnung öffnete Herr Schmidt die Stahltür und wir sahen den glutroten Himmel, ein Sandsturm wehte aus der Stadt, wir drückten die Hände auf die Augen. Nach dem zweiten Angriff wurden Schuhe und Mäntel anbehalten. Am Morgen flogen schwarze Flocken ans Fenster, die Ausgebombten kamen mit entsetzten verrußten Gesichtern die Straße entlang, die Wäsche blieb bis Freitag im Wasser. Die Flak hinter unserm Zaun war abgezogen worden, eine Fehlentscheidung des Oberkommandos. Wenn sie geschossen hätte, wären wir hingewesen. Der Feldweg hieß, noch als wir Kartoffeln stoppelten, SOLDATENWEG. An meinem sechsten Geburtstag treckten versprengte Russen oder Polen mit Panjewagen durch die Hutbergstraße, bedienten sich in den Gärten und schossen ins Fenster, die Kugel fiel an der Verdunklung herab. Karl Mickel, *Vox Dei 1945*: »Wenn se uns de Stadt, dr Tommy und Ami / Zerkloppt ni hättn, hätte der, dr Iwan / Uns hingeschlachtet, wie mer sin, beim Einmarsch / Das hätte der ni ausgehalten also / Uns in heilen Städten is ni meechlich.« In Schulklassen stellten wir uns in langer Reihe auf die Steinhaufen von Striesen und warfen die Ziegel in Loren. Es gab einen schmalen, auf schlechtem Papier gedruckten Fotoband, den ich mit angehaltnem Atem durchblätterte: nebeneinander die köstlichen Gebäude und ihre Reste. *Als dresdner Bestie bete ich zur Neutronenbombe.* Die Menschenopfer waren nicht zu sehen, die ZIVILISTEN, und die Tiere aus dem Zoo, die sich zu ihnen auf die Wiese flüchteten. Ein Bild zeigte ein Haupt mit abgeschlagener Stirn, schräg auf einem Quader ruhend, als höbe die zerschmetterte Skulptur den Kopf, zu einer verzweifelten Frage. Wie soll sie sie denken. Ein anderes, berühmtes Bild: eine große steinerne Frauenfigur, die leicht vorgebeugt auf die unabsehbare Trümmerfläche weist, sie lächelt, und die offene Hand serviert uns das Unsere, das Menschenwerk. Der entsetzliche Widerspruch von Grauen und Schönheit, die Wirkung von Tod und Kunst, rückte mir die Geschichte in ein scharfes Licht, als etwas Gewaltsames und Offenes, das Anteilnahme und Widerspruch fordert. Die Berichte der Flüchtlinge, der einquartierten Untermieterin über die Verlorenen, die der Sog des Feuers in die Luft riß. »Grinsend der Alte querte ins Kellerloch heraus / Mit der Bauklammer blutig der graue Buschen / Ein Mensch war gar nichts, wenn er was hatte.« Der SS-Mann, der vorschlug, die Leichen auf dem Altmarkt in Haufen auf Roste zu legen und zu verbrennen, hatte das »schon einmal im Osten gemacht«. – Welche *verzweifelte Frage?* – Von Dresden blieb: die Elbe und die Hänge. Ohne die beständige Anmut der Natur wäre es ganz untergegangen; die Atmosphäre imaginierte die Möglichkeit des Orts. Vom Wachwitzer Weinberg sah ich stundenlang, das Physikbuch auf den Knien, auf die leuchtenden Trümmer. Es war eine Sehstörung, die zunahm. Ich sah den Frieden. 1956, zur 750-Jahr-Feier, war DRESDEN TRÜMMERFREI und die Rampische Gasse beräumt, Weidauers Verbrechen.

Diese Rede kreist in sich wie die Erinnerung, der Antrieb, seit ich denken kann, der Gerechtigkeitssinn. Die Selbsturteilssucht. Das An-Denken gegen die Vernichtung; »Saddam Hussein der lästige Lieferant / Dekoriert mit den Waffen seiner alten Kunden / Der Norden lehrt den Süden Mores / Und Bagdad mein Dresden verlischt...« Ich werde für diese Zeilen gerügt; die Kritik des WÜSTENSTURMS im Irak wird als antiamerikanische Gesinnung gewertet. Sie ist meine dresdner Haltung. Es gibt aber, bei Vernichtern sowohl wie Erbauern, eine kühnere Haltung, die sich über die Trümmer hinwegsetzt. Die Antifaschisten sprachen im Januar 1946 von einem wiederaufgebauten Dresden, das »schöner und zweckmäßiger« wird! Wilhelm Rudolph, der »wie in einem Zwangszustand« »die Bilder der Zerstörung ... Strich um Strich wie Wunden« zeichnete, sah den dresdner Sandstein in gelben und roten Farben verglüht, die Fassaden abgehäutet, »aber immer noch, auch im Tode, ... bewahrten sie den großartigen Formwillen ihrer Schöpfer«. Wir in den Vorstädten erblickten Plattenbauten, »kahle Häuser, reizlos / Eins wies andre ... / Und angemessen dem Finanzplan« (Mickel), den platten Willen zur Unform, Resultat unschöpferischer Arbeit für alle und des sozialistischen Mangels, der das Bewußtsein vergeudete, das heißt nicht beanspruchte. Dagegen setzte das dresdner Dichten sein Formbewußtsein, den festen oder zertrümmerten Bau der Gedichte, den gestischen Vers und darunterliegend das ernste Maß der Blankzeile. »Das *liebe Dresden* Tal der Ahnungslosen / Die wollten doch das NEUE LEBEN sehn / Die Toten blicken in die rosige Zukunft.« Wir exilierten in kaltsinnigere Gegenden, ein Arbeitserfordernis. – Welche *Frage*? – Wir Bestraften, aufwachsend in zerstörten Städten, in der Ziegelsteppe. Gewöhnt an den rohen Anblick der Ruinen, abgespeist mit dem Dreck der Kriege, ausgehungert nach Schönheit. Immer wieder versetzt in Wüsteneien in Beirut, Bihač und Grosny. Die vernichtete Arbeit, planiert von siegreichen Strategien. Die inszenierten Untergänge, in denen wir uns einrichten seit Jahrtausenden, die Trümmerfrauen sind zur Stelle, »Die toten Männer sind die Vorarbeiter«, den Schutt wegräumend der halben Menschheit, »Ihr Leben lebend auf dem Leichenhauf / Das Glück liegt drunten, wir sind obenauf.« Mein Vater wollte an die Front. Er wurde nach dem Angriff nach Dresden kommandiert, um die Frau des Hauptmanns in Sicherheit zu bringen, fand selbst keinen Platz auf dem Wagen und hat sich allein in Marsch gesetzt. Die Todesnachricht, als wir beim Mittagessen saßen, es gab Gräupchen. Meine Mutter war sechsunddreißig Jahre alt, eine schöne und sinnliche Frau, die den Kopf, wenn sie weinen wollte, aus dem Fenster hielt. In einer Zeitschrift erschien ein Aufsatz über die TRÜMMERFLORA. Das Filmmaterial der deutschen Luftwaffe vom bombardierten Warschau Rotterdam Coventry, archiviert in den Katakomben der Frauenkirche, war es, das jene Hitze erzeugte, die die Kuppel bersten machte. – Welche *Frage* aus dem Steinhaupt? – Lassen wir die Erfahrung wie Sand aus den Händen rinnen, Davongekommene, die nichts von der Furcht der Opfer wissen und den Hochmut von Tätern lernen? Leben wir unter dem Schutt des Vergessens im Hagel der Nachrichten, Waffen liefernd, und werben für deutsche Tornado-Einsätze, ohne den Widerhall des Terrors zu hören? Räumen wir eine ruinierte Gesellschaft, die nichts für die Fassaden tat, weg, als gelte es, das Land zum zweitenmal trümmerfrei zu machen, und es wäre da keine Substanz zu bergen an sozialer Sicherheit? Ziehn in die *Dresdner Häuser* wieder Kommerzienräte, welke Lausejungen. Wer baut die Städte wem, *im Fundament der Irrtum eingezeichnet.* Bunker des Wohlstands, auf die kein Pfeil die Obdachlosen hinweist, im LUFTSCHUTZRAUM der Zukunft, der jedem Bedeutungswandel offen ist. In der Schere zwischen Wissen und Handeln macht sich das Nichts breit, zu dem alles werden kann, wenn wir taub sind gegen den Stein, der unsere Spur trägt. Ich träumte kindlich davon, daß Dresdens barocker Stadtkern in zwei- oder dreihundert Jahren, inmitten der modernen Peripherie, rekonstruiert würde. Die Dürftigkeit der Neubauten schien das zu garantieren. Jetzt im Foyer des HILTON sitzend sehe ich die Sache düsterer, der Hartbeton schafft Tatsachen, der Abriß meines Traums schreitet unter solventeren Verhältnissen rascher fort. Noch nie war soviel Fortschritt denkbar und Kunstsinn gefordert. Dresden wird nicht auferstehn; wir müssen einen anderen Traum bewahren, der den Bau der Gesellschaft einbegreift und Raum hat für das Gedächtnis. Heimat, das ist die Trauer, und die Zuversicht.

Marcel Beyer

Auf Totengrund

Es wird Mitte der fünfziger Jahre gewesen sein, als mir eine Fotografie zu Gesicht kommt, die mich lange Zeit auf sonderbare Weise gefangenhält. Dabei erscheint sie mir beim ersten Betrachten gar nicht weiter bemerkenswert, wenn man einmal davon absieht, daß sie unter den zahllosen Aufnahmen von Dresden nach den Bombenangriffen eine der seltenen ist, die den Großen Garten zeigt, also jenen Ort, wo ich in der Nacht vom 13. auf den 14. Februar die entlaufenen Zootiere beobachtet habe. Weit weniger eindrücklich als die Trümmerpanoramen und Leichenberge, und auch ich hätte sie, wie es manchem ergangen sein wird, beinahe überblättert.

Ein kleines Hochformat, die unteren zwei Drittel werden von einer Grube eingenommen, an deren Grund sich Wasser gesammelt hat, ein Bombentrichter zweifellos. Oben stehen nebeneinander sieben Personen dem Betrachter zugewandt, eine von ihnen teils verdeckt, und schaufeln Erde in das Loch. Dahinter Bäume, eine Reihe Pappeln im ersten Grün, so wie auch die leichte Kleidung darauf hindeutet, daß längst Frühling ist. Manche tragen zwar ihre dunklen Mäntel, doch scheint ihnen, zumal bei der körperlich anstrengenden Arbeit, viel zu warm zu sein, und eins der Mädchen, sieht man, trägt schon kurze Strümpfe. Bis auf zwei älter wirkende Figuren am linken Rand müssen die Schaufelnden um die vierzehn, höchstens sechzehn Jahre sein, also kaum älter als ich zu jener Zeit. Im Hintergrund, fern, und noch ferner wirkend, weil der Betrachter von diesseits der Grube schaut, links das Palais im Großen Garten und rechts einer der übriggebliebenen Pavillons. Man muß den Anblick in natura kennen, damit man bemerkt, daß die Gebäude nur Ruinen sind. Der Himmel hat keine genauere Farbe, Wolken sind nicht zu sehen, aber im Vordergrund kräuselt sich die Wasseroberfläche, sei es im Wind, sei es, weil in dem Augenblick, als der Auslöser gedrückt wird, eben eine Schaufel Erdreich aufgeklatscht ist.

Ich sehe mir dieses Foto sicherlich nicht lange an, ehe ich mich weiter fieberhaft durch die drastischen Ruinen- und Totenbilder arbeite. Im Vergleich dazu wirkt die Ansicht aus dem Großen Garten fast beschaulich, gemessen an den Zeugnissen des Grauens gibt sie beinahe schon wieder eine Idylle ab und verschwindet, sobald sie mir nicht mehr vor Augen steht, auch aus dem Bewußtsein, um nach und nach in die untersten Schichten meines Gedächtnisses zu sickern, wo sie dann lange eingeschlossen und gegen jeden Zugriff sicher liegenbleibt. Dort unten arbeitet es, dort gärt das Bild und läßt in unregelmäßigen Abständen Blasen an die Oberfläche aufsteigen, die, ohne daß man in der Lage wäre, ihre Herkunft auszumachen, eine unerklärliche Wirkung entfalten. Denn vor dem Hintergrund allgegenwärtiger Geschichten von zentimeterhoch stehendem Leichenwasser in Dresdner Kellern und von Gruben, die in den Tagen nach den Luftangriffen auf die Schnelle geschaufelt und angesichts der stetig steigenden Zahl geborgener Opfer immerzu vergrößert und vertieft werden mußten, verändert sich die Aufnahme eines mit Regenwasser gefüllten Bombenkraters, wenn man sie beiseite gelegt hat und nur mehr halb bewußt vor sich sieht, ein Nachtbild, obwohl es am hellichten Tag fotografiert worden ist, ein ab und zu aufflackernder, nicht genau festzumachender und darum irreal wirkender Moment, als sei beim Filmschnitt in eine ansonsten kohärente, in sich geschlossene Szene versehentlich ein kurzer Streifen verworfenen Materials einmontiert worden.

Auf die Bildfolge, in der die Aufnahme mit jungen Menschen im Großen Garten zunächst unterzugehen droht, um dann mit einiger Vehemenz daraus hervorzustechen, stoße ich in einem Buch, das für mich die Atmosphäre in der Stadt seit dem 13. Februar 1945, wenn auch vielleicht nicht ganz gewollt, wie kein zweites widerspiegelt. Gegen die erklärte Absicht des Verfassers nämlich, der mit seinem Werk den Aufbauwillen und die Zuversicht und die nie versiegende Energie der Dresdner ab Ende des Zweiten Weltkriegs hat einfangen wollen, bleiben mir nach der Lektüre ausschließlich Bilder der Verzweiflung, der Ausweglosigkeit und vor allem der Totennähe im Gedächtnis haften.

Man möchte glauben, ein umdüsterter Existentialist habe es geschrieben, und man wäre nicht weiter überrascht zu erfahren, bereits vor der Veröffentlichung sei es zu heftigen internen Auseinandersetzungen um dieses Werk gekommen und der über Jahre zur politischen Spitze des Landes gehörende Autor habe es allein seiner gesellschaftlichen Position zu verdanken, daß sein Buch trotz größter Bedenken hinsichtlich der darin zum Ausdruck kommenden Haltung am Ende in der gegenwärtigen Form erscheinen konnte.

So ist etwa von einem NICHT ENDEN WOLLENDEN STROM VON TOTEN die Rede, dem die Lebenden bald nicht mehr gewachsen waren. Die Dresdner Beerdigungstrupps, heißt es, seien gezwungen gewesen, MÜHSAM DIE SCHWEREN TOTEN WIEDER AUSEINANDERZUZIEHEN, die eine zur Unterstützung aus Berlin herbeigerufene Polizeimannschaft ganz ungeordnet MIT EINEM RUCK von der Ladefläche ihres Lastwagens in die vorbereitete Grube gekippt hatte.

Anfänglich mit Erstaunen, dann mit zunehmender Verärgerung hätten nämlich die Berliner Polizisten, denen die Beerdigungsarbeiten zu langsam vonstatten gingen, mit angesehen, wie sich die Dresdner unendlich geduldig darum bemühten, EIN WENIG ORDNUNG IN DEM REICH DER TOTEN ZU SCHAFFEN.

Entsprechend den an ihren Kleidern oder, sofern eine Leiche unbekleidet geborgen worden war, am Knöchel befestigten Identitätskarten wurden die Toten in bestimmte Grabreihen eingeschichtet und registriert, wobei eine gelbe Karte für eine identifizierte, eine rote für eine nicht identifizierbare Leiche stand. VIELE TOTE KAMEN ABER AUCH OHNE IDENTITÄTSKARTEN AUF DEN FRIEDHOF, schreibt der Verfasser, und mir bleibt unklar, ob er sich mit dieser Formulierung einen sprachlichen Schnitzer erlaubt oder ob das Kommen der Toten, als hätten sie sich aus eigener Kraft hinauf zum riesigen Gelände des Heidefriedhofes außerhalb der Stadt bewegt, nicht doch eher darauf hindeutet, daß die Dresdner zu diesem Zeitpunkt bereits in einer eigentümlichen Gemeinschaft mit ihren Toten lebten, in einem Zwischenreich, das auch den Autor dieser Sätze einschließt. Vielleicht wären damit Entgeisterung und Abscheu der Berliner Hilfskräfte zu erklären, ihr Wunsch, so rasch wie möglich nach Hause zu kommen, während die Einheimischen, ohne daß sie noch recht wußten, in welcher Welt sie sich eigentlich aufhielten, immer wieder in die offenen Massengräber, ins Reich der Toten hinabstiegen, um die Verstorbenen säuberlich in Reihen neben- und übereinander anzuordnen.

Natürlich sind die detailreichen Beschreibungen und die Fotostrecken von der Zerstörung Dresdens als bloßer Auftakt zu weitschweifigen, im auf Dauer ermüdenden Gestus des Trotzdem gehaltenen Kapiteln angelegt, natürlich soll das Nichts nur eine Folie bilden, vor der die Hoffnung um so heller strahlt, und dennoch muß einem Schriftsteller, der um die Wirkung von Worten und Bildern weiß, der sich in seinem langen Leben zudem als politischer Redner und Kunstverständiger einen Namen gemacht hat, deutlich vor Augen stehen, welches Risiko er mit seiner Darstellungsweise eingeht: Neben einem Bild der an manchen Stellen noch rauchenden Ruine des Kinderkrankenhauses, im Text ergänzt durch Angaben, wie viele Neugeborene hier unter den grausigsten Umständen den Tod gefunden haben, wird die Aufnahme einer an derselben Stelle errichteten neuen Klinik immer nur einen blassen Eindruck hinterlassen. Nicht Freude über den Aufbau, sondern der Schrecken des Todes ergreift von einem Besitz, wenn man diese Abbildungen betrachtet, nicht die gesichtslosen Neubauten, sondern die entstellten Leichen prägen sich ein. Zumal auf den Fotografien vom neuen Dresden weit und breit kein Mensch zu sehen ist: eine Stadt der Toten, denkt man unwillkürlich, oder eine Stadt der Geister, die sich nicht auf Film bannen lassen.

Dieser gespenstische, den Leser mit in die Dunkelheit hinabreißende Zug läßt auch nicht nach, als der Titel des Buches, vielleicht waren inzwischen doch Bedenken laut geworden, mit der dritten Auflage geändert wird. Nun heißt es nicht mehr ZERSTÖRUNG UND WIEDERAUFBAU DRESDENS, sondern DIE UNBESIEGBARE STADT. Gleichwohl strahlt das in den Untertitel verbannte, alles überschattende Wort ZERSTÖRUNG unvermindert über dem gesamten Inhalt. Und während der Autor sich mit schlichter Rhetorik bemüht, den heldenhaften Kampf der Antifaschisten herauszustreichen, von denen allerdings, wie er ausführlich darlegt, viele auf gräßlichste Weise umgekommen sind, während er seine Energie darauf richtet, den ungebrochenen Lebenswillen der Dresdner ins Licht zu rücken, gerät ihm sein Werk unter der Hand zu einem Totenbuch. Es könnte ebenso gut den Titel DIE TODESNÄHE DER DRESDNER tragen oder gar ICH – MAX SEYDEWITZ UND DER TOD.

In Dresden lebt man mit den Toten. So ist es auch nicht weiter verwunderlich, wenn in Berichten über die Ereignisse im Zoologischen Garten während der Nachtangriffe mitunter noch heute geschildert wird, wie Zoodirektor Brandes alles in seiner Macht Stehende unternimmt, um sein Lebenswerk so gut es eben geht zu retten, die Tiere aus ihren in Flammen stehenden Behausungen zu befreien, im Lärm und Durcheinander der Explosionen zu beruhigen sowie jene, die Verbrennungen erlitten oder Fleischwunden davongetragen haben, notdürftig zu versorgen. Liest man solche Darstellungen, kann man nicht anders als Doktor Brandes dafür bewundern, wie er im Augenblick seiner größten Niederlage einen klaren Kopf behält, man sieht ihn vor sich, zwischen verwüsteten Anlagen, inmitten seiner verstörten Schützlinge, man verspürt einen unerträglichen, stechenden Schmerz, als er mit zittrigen Händen einen Geheimbefehl öffnet, der für den Fall eines Luftangriffs bereit liegt, und dem Schreiben entnehmen muß, sämtliche für die Allgemeinheit gefährlichen Tiere seien auf der Stelle zu erschießen. Man sieht ihn ein Gewehr aus dem Schrank holen und langsamen Schrittes im Dunkel verschwinden, dort geht er hin, nun wird er seinen schwierigsten Auftrag ausführen – das heißt, richtiger wäre davon die Rede, man sehe den Zoodirektor herumgeistern, denn Gustav Brandes war bereits 1941, mehr als drei Jahre vor der Zerstörung des Zoos, verstorben.

Nie habe ich hier Menschen auf offener Straße lachen sehen, über der Stadt liegt eine eigentümliche Stille, die für den Besucher etwas Unheimliches,

Bedrückendes haben mag, und es wird dauern, bis er begreift, diese Stille deutet nicht etwa darauf hin, daß die Einwohner Dresdens niedergeschlagen wären, daß sie gebückt gingen, wort- und freudlos unter der Last der Toten. Nein, man lebt in freundlichem Einvernehmen mit ihnen, und alles Laute, jedes übertriebene Geräusch der Lebenden könnte die Gemeinschaft mit den Toten nur stören. Man lacht nicht in der Öffentlichkeit, aber oft habe ich Menschen gesehen, die auf ihrem Weg unvermittelt stehenblieben, ruhig, als lauschten sie, als träten sie ins Zwiegespräch mit jenen, die unsichtbar in der Stadt umherwandeln. Denn überall geht man auf Totengrund.

So wird, wer auf der Straße lacht, sich augenblicklich als Fremder zu erkennen geben, der vielleicht eher seine Unsicherheit zu überspielen sucht, die unbestimmte Angst, als daß er Lebensfreude zum Ausdruck bringt. Der Grund des Ernstes hier liegt nicht in fortdauernder, drückender Trauer, es hat auch nichts mit Pietät zu tun, wenn der Besucher Dresdens, anders als in anderen Städten, zu seinem Befremden kaum je Momente der Ausgelassenheit erfährt. Nein, es ist der Ernst der Unerschrockenen. Jeder erinnert sich daran, hat es mit eigenen Augen gesehen oder von den Eltern erzählt bekommen, wie drei Tage nach den Nachtangriffen, am Freitag, dem 16. Februar, einige aus dem Zoo entwichene Geier über den Großen Garten flogen, vom untrüglichen Geruchssinn zur Elbe geleitet, wo der Schwarm am Königsufer niederging und sich in aller Seelenruhe über die Kadaver einer Reihe teils im Feuer, teils in Panik verendeter Tiere hermachte. Kein Dresdner, der nicht das Bild vor Augen hat, wie die Vögel ihre Schnäbel ins versengte, rußgeschwärzte Fell stießen, wie sie bis in den Sonnenuntergang hinein über dem Aas von vier Dutzend Araberpferden hockten, die man vom nahen Zirkus Sarrasani hinunter an den Fluß geschleppt hatte, um Gestank und Seuchengefahr zu bannen. Erst mit Einbruch der Dunkelheit erhoben sich die Geier wieder und kehrten, den Himmel über Dresden Richtung Süden querend, in ihre Heimstatt, den zerstörten Zoo, zurück.

In Tagen, als die Geier ein Festmahl genossen, das so ihnen seit Jahren nicht, vielleicht noch nie geboten worden war, herrschte im Zoologischen Garten ein bis dahin ungekannter Versorgungsnotstand, wie man sich leicht vorstellen kann. Auch der Obstkeller, wo über Winter das Futter für die Pflanzenfresser lagerte, war eingestürzt, die Früchte verbrannt. Die letzten übriggebliebenen Affen gingen im Umkreis des Großen Gartens auf Futtersuche, und ein Schimpanse, der bei den Dresdnern außerordentlich beliebte Pitt, zog irgendwo aus den Trümmern an der Tiergartenstraße ein Glas eingemachte Kirschen oder Zwetschgen hervor. Seine Geschicklichkeit, seine Auffassungsgabe und sein Sinn für Scherze, wie es heißt, hatten dem Dresdner Publikum immer besondere Freude bereitet. Als er nun jedoch mit dem Einweckglas in den Zoo kam, mußten seine Betreuer feststellen, daß ihm ein Bombensplitter den Unterleib aufgerissen hatte, und da an medizinische Versorgung so schnell nicht zu denken war, starb der Schimpanse wenig später an einer Infektion.

Wäre er nicht umgekommen – ich zweifle, ob seine Späße die Dresdner je wieder in schallendes Gelächter hätten ausbrechen lassen. Wer in seinem Leben alles gesehen hat, wer um die Toten weiß, wer mit ihnen vertraut ist und keinen Anlaß hat, ihre stille Gesellschaft zu fürchten, der weiß auch: Dem Tod lacht man nicht ins Gesicht.

Geht man heute aufmerksam durch die Stadt, bemerkt man an unbeschädigten alten Häusern häufig noch jenen schräg nach unten gerichteten weißen Pfeil mit der Beschriftung LSR, der seinerzeit den Weg in den Luftschutzraum wies. Auf Abendspaziergängen schaue ich gern in erleuchtete Kellerfenster, manchmal geben sie den Blick in menschenleere Wäschekeller frei, wo man die ganze Nacht das Licht brennen läßt, manchmal werde ich von Stimmen, von leisem Lachen angelockt. Lange habe ich nicht verstanden, warum es die Dresdner in den Keller zieht, warum sie sich dort in ihrem feuchtkalten, dunklen Verschlag eine Hausbar einrichten, anstatt oben in der geheizten Wohnung beim Bier zusammenzusitzen. Ich fragte mich, ob diese Kellersehnsucht von der Furcht vor einem neuerlichen Angriff herrührt, schließlich wurde seit dem Ende des Zweiten Weltkriegs bei jeder Gelegenheit die Bedrohung durch die Atombombe heraufbeschworen, und bald nach dem Eintreffen der Nachrichten aus Japan im August 1945 muß das Gerücht entstanden sein, Hiroshima und Nagasaki seien gewissermaßen bloße Ausweichziele gewesen, weil die ursprünglich für Dresden bestimmten Atombomben nicht rechtzeitig einsatzfähig waren. Doch warum hinab in diese Keller, fragte ich mich, die so vielen Schutzsuchenden zum Verhängnis geworden sind, wie jeder weiß, und irgendwann ging mir auf: Hier steigt man in den Keller, um eine Zeit am Ort der Toten zu verbringen.

In den Verschlägen trifft sich die Hausgemeinschaft, hier wird auf das Wohl derer angestoßen, die unsichtbar anwesend sind. Zwischen der roh gezimmerten Bar mit Spitzendeckchen und altem Hausrat, womöglich teils noch aus der Zeit vor jener Nacht, stehen die Nachbarn im Halblicht, flüstern, prosten einander zu und verfallen bald darauf in Schweigen, das sich erst löst, wenn einer aus der Runde kaum vernehmbar einen Witz erzählt, eine dieser makabren Anekdoten, wie sie nur in Totennähe zu hören sind. Oder man geht, da man niemandem begegnen möchte, allein in den Keller, in jeder Hand einen leeren Eimer, schließt eine Tür nach der anderen auf und blickt zunächst eine Weile auf den dunklen Haufen dort im Eck, man horcht, unter den Schuhen knirscht der grobe Staub, ehe man anfängt zu schaufeln. Endlich schleppt man die schweren, bis über den Rand mit schwarzen Brocken gefüllten Eimer mühsam ins Licht hinauf, die Treppen hoch bis in den dritten Stock. Dann wieder bringt man den Verstorbenen etwas mit, wenn man in ihre Welt hinuntersteigt, trägt Hemden, Leinentücher in den Keller, sauber und kühl und feucht, als wolle man denen, die im Schmutz, in Trockenheit und Hitze umgekommen sind, ein wenig Linderung verschaffen. Vielleicht stehen hier in Dresden die frische, duftende weiße Wäsche und das Reich der Toten noch deutlicher in einem engen, wenn auch weiter nicht erhellten Zusammenhang als anderswo.

Eine Gruppe junger Menschen, wie sie vermutlich Mitte der vierziger Jahre im Großen Garten einen Bombentrichter mit Erde füllt: Als mir die Fotografie nach langer Zeit wieder in Erinnerung kam, war sie nirgendwo mehr aufzufinden. Man hatte sie in späteren Ausgaben des Buches durch eine, durch viele andere ersetzt, die den heroischen Neuaufbau Dresdens illustrieren sollten. Erst als mir zufällig die Erstausgabe jenes Zerstörungswerkes noch einmal in die Hände fiel, konnte ich der Frage nachgehen, warum das Foto untergründig solch eine große Wirkung auf mich ausgeübt hatte, trotz meines flüchtigen Blicks. Ich blätterte, entdeckte schließlich auch die Abbildung, neben der – aus meiner Erinnerung getilgt – eine Teilansicht des Großen Gartens vor der Bombennacht zu sehen war, und studierte sie zum erstenmal genau. Immer von neuem mußte ich das Bild mit der Legende NACH DEM MASSAKER betrachten. Ich wunderte mich, ging mit dem Gesicht näher heran, schob meine Zweifel erst auf meine Augen, dann auf das kleine Format, dann auf die schlechte Reproduktion, mein Eindruck mußte eine Täuschung sein. Ich sah das Grauen nicht, sah nicht die Trauer, kann sein, hier hatte wer vergeblich noch versucht, mit ungeschickter Hand ein wenig zu retuschieren, aber der helle Blick, die hochgezogenen Mundwinkel und Grübchen, der offene Mund des einen Mädchens ließen sich schlecht verbergen. Ungläubig nahm ich ein Detail nach dem anderen auf: Die Menschen auf dem Foto lachen.

II

Landschaft

Wulf Kirsten

die erde bei Meißen

hübelhoch kehrte mich der ruppige himmelsbesen.
auslöffeln will ich
vom herbstherd die dampfenden töpfe.
schreibe der erde beidhändig ins gästebuch
einsilbigen gruß
mit dem griffel graniten,
ungezügelt und linkisch mein krakel,
reichend von dorf zu dorf.

krustige schwarzbrotränfte
die huckel im schwartigen stoppelsturz,
wahllos hingebreitet im relief.
die schäläcker liegen satt im dust,
glasiert von oktobergüssen.
getüpfelt die kleiigen buchten
von kraftworten mistfuderweise kohlrabenschwarz –
ein tiegel verbrannter speckgriefen.

zur Elbe winden sich
grüngeschuppt die fiedrigen täler wie deichselraine.
schrotmühlen, die wäldischen einsiedler, längs den
schotterrunsen
im großväterhabitus, spielen in laubigen kuhlen versteck.
um die schieferzwiebeln geduckt die ortschaften des
sprengels.
abseits am schlehenhack aufgedunsen die stänker:
rübensilos.
hinter feldscheunen strohschütten gefeimt.
mit zottelmähnen holpern die feldwege hinaus in die
runkelschläge.

über die katzenbuckel keckert der liedrian blasebalg.
im rücken der himmel gezahnt vom nahen gebirge.
drüben, überelbisch, der diesige tag, gelehnt
an die welligen hänge, mäandrische borte flußhin,
weinberge, von terrassen gegürtelt.
herb und oktobern verströmt der winzerfleiß.
die Lößnitz ist ein schwappender mostbottich.
vierschrötig, aus quadern gewalmt.

über die lehmhügel klabastern ungeschlachte blechvögel,
breitschnäblig schnattern sie im lettigen acker,
schnurgerade die zeilen hinter den treckern. –
voreinst den säern schmeckte die fronde
gallebitter wie rainfarn an wegrändern;
auf lehden, in mergelsenken geschuftet wie die schieb-
bockhunde,
die ochsentreiber heiser vom fluchen
hinter lendenlahmen gespannen.

an der wetterscheide, wo im juli die gewitterbäume
sömmern,
steh ich breitspurig auf der landschaft widerrist.
die flußorgeln durchbrummen das bauerngebreit.
eine schwadron schwedenreiter späht auf zugiger kuppe.
stoppelfrösche springen täppisch über den woilach des
herbstes.
die grasigen senken von rindern gefleckt.
am hellichten tag zur saatzeit im hügelland
ich – auf der erde bei Meißen.

Wolf Biermann

Die Elbe bei Dresden

In Dresden, da steht ja die Elbe so still
Und die Stadt fließt so träge vorbei
Ich steh' da und seh' da die Raddampfer ziehn
Wie voriges Jahr, den Mai
Wie vorigen Mai, da wohnten wir
Diese Sommernacht unten am Fluß
In den Elbwiesen blieb uns die Puste weg
Beim Kuss zwischen Kuss und Kuss

Das sang uns der Fluß, das war unser Lied:
Es fließt alles – alles fließt
Mein Lieb, mein Lieb, jetzt bin ich allein
Jetzt redet der dumme Fluß mir ein:
Es bleibt alles, wie es ist

In jenem Mai, da schwammen wir schön
Mit der Strömung zur anderen Seit
Dann laufen ein Stück – und schwimmen zurück
Uns war ja der Fluß nicht zu breit
Das Wasser war nicht viel zu tief für uns
Ach und uns war der Dreck scheißegal
Wir ließen uns treiben und trieben das Spiel
Nocheinmal und noch ein mal

Das sang uns der Fluß, das war unser Lied:
Es fließt alles – alles fließt
Mein Lieb, mein Lieb, jetzt bin ich allein
Jetzt redet der dumme Fluß mir ein:
Es bleibt alles, wie es ist

Jetzt lieg ich am Ufer und wundere mich
Warum das mit mir grad so ist
Ach damals verriet uns der gute Fluß
Die Wahrheit, daß alles fließt
Da drehte die Erde sich unter uns
Als wir noch verharrten im Kuss
Und weißt du, warum ich dich suchen will?
Weil ich mich ja finden muß

Das sang uns der Fluß, das war unser Lied:
Es fließt alles – alles fließt
Mein Lieb, mein Lieb, jetzt bin ich allein
jetzt redet der dumme Fluß mir ein:
Es bleibt alles, wie es ist

B. K. Tragelehn

Dresdener Elegie

für Heinz Czechowski

Heuduft, der schwere Geruch des Stroms
Immer noch das Geräusch der Stadt
Bei der Arbeit nahe, jetzt fern
Spaziergang die Wiesen entlang der Elbe
SANFT WIE TIERE
GEHEN DIE HÜGEL
NEBEN DEM FLUSS
Kühler Abend nach heißem Tag.

Thomas Rosenlöcher

Dampfschiffnudeln

Methoden, sich Dresden zu nähern

I.

Wer über die Autobahn kommt, hat oft die Möglichkeit, mit vielen anderen Autos oben zu verharren und auf eine Dunstglocke hinabzusehen. Und manchmal sogar den Rathausturm zu erkennen, der sich am meisten vordrängt, weil er der Häßlichste ist.

»Unser Dresden«, sagen wir Dresdner dann.

»Das Tal der Ahnungslosen«, sagen die Auswärtigen, wenn sie Berliner sind. Die Formel ist noch immer im Umlauf, weil sie Gelegenheit gibt, sich selbst für ahnungsvoll zu halten. Als wären wir da unten wirklich so ahnungslos gewesen, als wir kein Westfernsehen hatten und sich jeder seinen Teil noch selber denken mußte.

Kaum daß sich die Autos wieder in Bewegung setzen, verschwindet die Stadt erneut, und mancher Autofahrer hat sie vor lauter Autos nie mehr wiedergesehen. Selbst die berühmte Dresdner Höflichkeit geht völlig unter im Straßenverkehr, ein rätselhaftes Phänomen. Nicht einmal im Ruhrgebiet habe ich soviel gasgebende Stumpfheit angetroffen wie hier. Die Gegend wimmelt von Wahnsinnigen, die immer noch überholen müssen. Als ob sie dieses Mal nicht ahnungslos hinter den neuesten Brutaltendenzen zurückbleiben wollten.

Empfehlenswerter ist ohnehin die Eisenbahn. Noch die unbedeutendste Stadt hat eine Zugankunft verdient. Doch Vorsicht, wer aus dem Hauptbahnhof auf die

Prager Straße tritt, ist nicht etwa versehentlich nach »Karl-Marx-Stadt« gefahren. Besser, er weiß gar nichts von der einstigen Pracht dieser Einkaufsstraße, die nach der ersten, der Bombenzerstörung, nur noch ein Pfad zwischen den Ruinen gewesen sein soll. Und nun, nach der zweiten Zerstörung, dem Abriß der ausgebrannten Fassaden, darstellt, daß Aufbau eben auch oft nur eine Form der Zerstörung ist. Eine solche Plattenkahlheit empfängt den Ankömmling hier. Ein notdürftig mit Springbrunnen kaschierter, steingewordener Bericht des Politbüros an das Zentralkomitee. Nur der Architekt fehlt, ein gewisser Lenin, der hier unter der Benennung »Roter Bahnhofsvorsteher« neben den Rabatten stand. Der Oberbürgermeister hat ihn nach dem Westen, nach Sindelfingen, geschickt, weil den Siegern der Geschichte auch die Trophäe zusteht. Ohne ihren Architekten erscheint die Architektur allerdings eher noch kahler. Und wieder ist einer weniger, dem man die Schuld geben könnte.

II.

Ich aber nehme das Schiff. Noch jede Stadt hat jedem, der aufrecht an der Reling stand, respektvoll entgegen geblickt.

In Meißen zugestiegen. Meißen, das selbst einmal Dresden werden wollte. Und mit Burg und Dom, hoch über Fluß und Stadt, schon ein angemessener Auftakt für eine Fahrt nach Dresden ist. Und wirklich, kaum hat das Schiff abgelegt, geben hoch oben die Türme Signal. Worauf der Steuermann die Dampfpfeife zieht; ein schrilles Antwortgeorgel, und Spritzer fliegen übers Deck, dem Verfasser ins Gesicht. Da rechts und links die Wiesen flußab ziehen. Die flachen Berge aber eher mit dem Schiff mitwandern, bevor sie plötzlich auch zurückbleiben und andere Berge mitgehen; ein sacht hingleitendes Gegen- und Miteinander, das schon recht dresdnerisch ist. Und das Schaufelrad schlägt gleichmäßig klackernd das tiefbraune Wasser und sortiert unter dem Schaufelradkasten die weißliche Gischt hervor.

Unter den Leuten an Bord etliche ältere Leute, die dem hier noch neuartigen Beruf des Vorruheständlers nachgehen und mitgebrachte Schnitten essen. Zwei Männer, die mit roten Köpfen die Sitte des Biertrinkens aufrechterhalten. Und leise vom Ostfußball reden, ein Untergangsgemunkel. Viele Leute aus Köln usw., allerdings eher zurückhaltend und still, eben Leute, die mit dem Dampfschiff mitfahren. Gleichwohl sofort erkennbar, daß sie von drüben sind. An der besonderen Zweckmäßigkeit, mit der sie für den jeweiligen Zweck immer angezogen sind. Für das Dampfschiff also praktisch, kniebundhosen- und windjackenhaft. Was vor allem den Männern etwas Erforscherisches gibt. Ist ja auch eine Leistung, den Osten persönlich erkunden zu wollen.

Auf dem Mitteldeck Berliner, die kluge Bemerkungen machen.

Noch lange – je ferner, je imposanter – winken mir die Meißner Domtürme nach, falls sie nicht die Berliner meinen, aber die wenden sich gar nicht erst um. – Die Weinberge zur Linken entfernen sich nach einiger Zeit und gehen andere Wege, so daß man nur hoffen kann, daß sie auch dieses Mal wieder bei Radebeul zum Fluß zurückkehren, in das dortige, zu spätbarocker Vergoldung neigende Licht. Die laubbedeckten Berge zur Rechten halten sich dagegen strikt neben dem Fluß; unsichtbar dahinter die Weglosigkeit riesiger Felder; aber die Dörfer momentan noch Dorf. In Batzdorf das Schloß, vor Jahren eigentlich schon verloren gewesen: zu eingesunken die Dächer, ein Loch für den Konsumladen mitten hindurch gebrochen, im Schloßinneren das Toben eines Hunds. – Nun aber doch in die neue

Zeit herübergerettet mit Treppe, Galerie und winzigem Renaissancehof, in den gelegentlich der Mond zu scheinen pflegt. – Oben auf dem Hang das Schloß Siebeneichen, da war Novalis gelegentlich. Etwas später dann die grün verschütteten Dächer von Schloß Scharfenberg; auch ein Treffpunkt von Leuten, die mit ihrer Zeit nicht so recht zufrieden waren, sogenannte Romantiker, damals wie heute gescheitert oder auch in den Staatsdienst gegangen, was freilich dasselbe ist, nur daß der im Staatsdienst niemals davon erfährt.

Das romantische Ferment ist jedenfalls noch am ehesten spürbar, ein Hang zum Sinnhaften, der sich etwa so auswirkt, daß zwei bis drei Maler hier noch richtig malen und das Gemalte trotzdem etwas taugt. Schloß Scharfenberg – mein Schloßerlebnis schlechthin. Bin dort einmal Hand in Hand durch einen Wald gegangen, in dem sich die Lindenbäume einer Allee verbargen, bis wir plötzlich vor einer Schloßmauer standen; einzelne Gitterfenster hoch oben in der Baumdüsternis. Und unter ein wappengeschmücktes Tor hintraten, über das einst der Fähnrich geschwebt sein soll, über die Köpfe der Belagerer hinweg, die Fahne als Fallschirm benutzend. Da wir uns, wie gesagt, an den Händen hielten, für immer verhext vom Zauber des Orts, so daß wir sie seither nicht mehr loszulassen vermochten. – Noch heute weiß ich da oben eine Tür in der Mauer. Durch die hindurch der Blick in einen kleinen Garten geht, wo, eingefaßt von Buchsbaummäuerchen, im Gras viele hundert Äpfel liegen. Und zwischen ihren Rundungen eine Spannung besteht, die Stille genannt werden muß, da sie schon bei der geringsten Berührung zu explodieren droht. Bin freilich seit langem nicht dort gewesen, aus Furcht, jemand könnte gleichwohl zwischen die Äpfel getreten sein und sie alle einfach aufgesammelt haben.

Am Ufer eine weitere Touristenattraktion: Kinder, die Steine werfen. Und wohl noch nicht erfahren haben, daß frei herumlaufende, vor sich hin spielende Kinder in Deutschland eigentlich abgeschafft sind und allmählich ins Museum für Frühgeschichte gehören.

Der alte Wunsch, einmal vorn neben dem Steuermann zu stehn. Nun aber die Möglichkeit, mich als Verfasser auszugeben, der einen fulminanten Aufsatz über Dresden schreibt.

Ob Sie schon lange dabei sind?

»Ziemlich.«

Ob wegen der hohen Preise so wenige mitfahren?

»Teils, teils.«

Ob das ein Unterschied ist, wenn vor allem Westdeutsche an Bord sind?

Schweigen.

»Ich danke Ihnen für das Interview.«

Immerhin, ich stand neben ihm. Und die Berliner haben es alle mitansehen müssen. Und vor mir taucht, fernhinlasiert, eine langgezogene Hügellinie auf; in einem weiten, theatralischen Rund der Elbhang, eine Art Dresdenumarmung.

Je näher das Schiff der Stadt kommt, desto mehr vergleichgültigt sich die Landschaft. Jedoch gibt es für diesen Fall unter Deck Salons. Langsam in Bieren versinken, auch eine Methode, sich Dresden zu nähern. Im Pieschener Hafen wachsen Zweige über die Reling des Motorschiffs »Karl-Marx«, das, obwohl rasch noch in »August der Starke« umbenannt, dennoch wegen Systemnähe nicht in den öffentlichen Dienst übernommen, hier nun vor sich hinrosten muß, so daß in diesem Ausnahmefall nicht einmal die Umbenennung was nützte.

Der gehaltvollste Dampf steigt direkt aus dem Maschinenraum. Wo Maschinenhüften asymmetrisch gegeneinanderkurven. Und Spindeln spitz auf und nieder fahren. Und in der Tiefe ein Zylinder aufgeregt hin und her wankt. Eine mythische Dauerbeschwörung, seit über hundert Jahren schon und doch wie seit eben erst. Die immerhin deutlich macht, daß es keine Kleinigkeit ist, von Meißen nach Dresden zu fahren. Doch ungerührt wie immer sitzt der Maschinist in der stampfenden Tiefe, und wenn er auch nicht mehr Kohle schippen muß, weil nun der Dampf durch Diesel erzeugt wird, ist seine Brust doch behaart.

Die Westdeutschen halten begeistert ihre Kameras in den rotierenden Orkus hinab. Vorsichtig frage ich einen von ihnen, ob das eine Videokamera wäre.

»Nu«, sagt er.

Eine, landeskundlich gesehen, hochinteressante Bemerkung. Sollte dieser Mensch etwa ein Sachse sein? Oder eignen sich die drüben jetzt auch schon unsere Sprechweise an?

Im Chaos dampft still ein Ventil. Und der mit Öl und Stampfen vermischte warme Dampfgeruch erinnert an die Nudelsuppe, die ich früher an Bord immer aß. Natürlich mit »Fleischeinlage«. Wobei sich der Schiffsdampf mit dem Nudeldampf mischte und beides zusammen erst die echte Dampfschiffnudel ergab. Die für mich noch immer in eins geht mit dem Schrillen des Maschinentelegraphen, dem besonderen Tonfall der Lautsprecheransage: »Bitte am Hinterschiff absteigen.« Oder dem Staken beim An- und Ablegen, wenn sich die Matrosen an die Stangen hängten und das Schiff an der Landungsbrücke entlangknarrte. Und unter dem, bis an tiefste Seelenschichten rührenden, Aufkreischen der weiblichen Fahrgäste sich ein Matrose ausdrücklich über den Schiffsrand empor in die Luft heben ließ.

Dampfschiffnudeln natürlich längst abgeschafft. Bockwurst jedoch noch vorhanden. Wenigstens sie unsterblich hier.

Beinahe die Ankunft verpaßt. Das Schiff scheint auf diesen triumphalen, von Canaletto verschuldeten Postkartenblick buchstäblich zuzufliegen. So daß ich – Augustusbrücke, Oper, Schloßturm, wieder mit zierlicher Haube, Hofkirche, die volle Breitseite, Heilige mit Wahnsinnsgebärden –, so daß ich, sage ich, diese Bockwurst hinter mir zu verbergen suche. Die Hofkirchenglocken läuten, was die Berliner an Deck allerdings auf sich beziehen. Doch selbst wenn zwischen Hofkirche und Kunstakademie die Frauenkirchenkuppel als Mittelpunkt und Halt noch fehlt, kann sich wohl keiner an Bord dem Gedanken entziehen, in Dresden angekommen zu sein. Auf dem Neustädter Uferweg ein hier noch nie in solchem Ausmaß beobachtetes gutangezogenes Flanieren. Und, über die Brüstung der Brühlschen Terrasse gebeugt, massenhaft Leute, die teils der Ankunft des Dampfers zusehen, teils in Reiseführern nachschlagen, ob sie in Dresden sind.

III.

Die Hauptmethode, sich Dresden zu nähern, ist die, wieder abzufahren. – Freilich, der Zwinger, die Galerien … Allein Friedrichs Gemälde »Das Große Gehege« genügt, Dresden eine Kunststadt zu nennen, besonders wenn wieder einmal der Himmel durch Friedrichbildnachahmung den Kunststadtcharakter betont. Und wer um das Residenzschloß herumgeht, mag staunen, welche Gesteinsmassen da endlich wieder zum Leben erwachen. Und auch der Wiederaufbaugegner wird mit Rührung die wiederzuverwendenden Steine vom Trümmerhaufen der Frauenkirche draußen vor dem Lutherdenkmal in langen Eisenregalen wie Brote aufsortiert sehn. Dennoch heißt Dresden: »Es war einmal«. – Eine Stadt ist mehr als einzelne wiedererrichtete Baudenkmäler. Und noch ist unvorstellbar, daß durch die Magistralen einmal nicht mehr der Wind pfeifen sollte. Da vieles, was jetzt entsteht, auch nur die Fortsetzung der alten Klotzbauweise ist, wenn auch mit perfekteren Mitteln. Und das immerhin Wiederaufgebaute oft auch nur in Richtung Fälschung tendiert. Weil alles, was unsere Zeit hervorbringt, mit dem Fluch der Perfektion beladen ist. Vorsicht Glättegefahr, möchte ich rufen. Vor dem immerhin wiederaufgebauten Taschenbergpalais der Gräfin Cosel etwa; Hotel mit Industrieziegeldach nach Art der Fertigteilhäuser. Freilich mag es gerade die Puppenstubenhaftigkeit sein, die, ornamental aufgelockert, den Zeitgenossen historisch vorkommt. Weil die hier herrschende Glätte soweit verinnerlicht ist, daß sie auch zum Maß der Vergangenheit wird, die unsere wenig Bleibendes hervorbringende Gegenwart auf die Art für sich zu vereinnahmen sucht. Zumal die im Hotel nun ein und aus gehenden Flachaktentaschen sich auch mal historisch vorkommen wollen und schon von daher geneigt sind, jeden Industriedachziegel dem Nachlaß der Gräfin Cosel zuzuordnen.

IV.

Der Verfasser jedenfalls befindet sich bereits auf dem nächsten Dampfer. Allerdings muß der neue, nun besonders schnittige »August der Starke« erst einmal die gleichermaßen schnittige »Gräfin Cosel« passieren. Der Stolz der Kölner Conti-Gruppe den Stolz der Kölner Conti-Gruppe. Da hat wohl der Designer das Schimpfwort Designer verdient.

»Arme Elbe«, sagt eine Frau.

»Wieso?« eine andere. »Das Schiff macht doch was her.«

»Wo hast denn du deinen Geschmack?«

»Was bloß die vielen Querstreben sollen?«

»Da wird das Ding abends zusammengeklappt.«

Immerhin hat die Schiffsdiskussion die Einheimischen an Bord zum Vorschein gebracht. Und ein besonders drastischer Sachse sagt, immer noch aufs Wasser starrend:

»Mitten off der Elbe ä Gewächshaustreffen.«

Nun aber abgelegt. Und wieder die Wiesen, selbst mitten in der Stadt. Sie gehören zu dem wenigen, was wirklich geblieben ist. Und hätten wir gleich den Westen gehabt, wäre manches gerettet worden, aber die Elbaue zubetoniert. Knapp vor den Albrechtschlössern ein rechteckiger, schmutzigweißer Plattenbau, der mir nun schon erstaunlich dürftig und ungefährlich vorkommt. Und doch als sogenanntes »Weißes Haus« weit über Dresden hinleuchtete – so daß in ihm die Staatssicherheit, gleichzeitig im Verborgenen wimmelnd, auch optisch immer anwesend war mit ihren Dachantennen. Wieder sind die Berliner mit von der Partie. Und rufen sich die Namen der Orte »Loschwitz, Wachwitz ... Kleinzschachwitz« zu, was sie recht witzig finden.

»Da oben wohnt der Biedenkopf!«

Der Ausruf wird sofort dementiert: »Nicht auf dem Weißen Hirsch. In Oberloschwitz drüben!« Nur daß er oben wohnt, bleibt unbestritten. Die Prominenz wohnt immer da oben, schon wegen der besseren Luft. Und wird da oben wohl bald wieder ziemlich unter sich sein. Schiller jedenfalls soll dort, im Körnerschen Weinberg, die »Ode an die Freude« gedichtet haben – und wenn er sich damit auch übernommen haben dürfte, so glaubt man ihm doch gern, daß er vom Elbhang aus die ganze Welt küssen wollte.

Hier, zwischen Loschwitz und Pillnitz, läßt sich anhand der Landschaft das eigentlich Dresdnerische noch einmal ausführlich studieren: In der Balance, im Ausgleich, in den sanften Übergängen: Zwischen den Uferwiesen und Gärten, der lockeren Bebauung und den alten Elbdörfern unterhalb des Hangs. Dem Hang selbst, den Villentupfern dazwischen, Weinbergen, reichlich von Laubgeröll überschwemmt. Und zusätzlich von Licht verzittert.

Der Wachwitzer Fernsehturm freilich schon lange eine Bedrohungsröhre. Weil er die flach mitlaufenden Berge zum bloßen Sockel für seine Hohlheit degradiert und dem Vorüberfahrenden schon von weitem ausdruckslos entgegenstarrt.

»Wie grau die Häuser hier sind«, sagt eine ältere Dame. Doch ihre Freundin tröstet sie: »Wenn du in ein paar Jahren wiederkommst, ist hier alles weiß.«

Ach, daß sie recht haben wird.

V.

Nun aber, hinter Laubegast, hält das Schiff auf das Zwiebelturmkirchlein »Maria am Wasser« zu. Auf die Uferwiesenmauer davor, die den Friedhof vor Hochwasser bewahrt. Die Grabsteine, selber begraben von Grün; eines gewissen Hartknochs Grabstein etwa, auf dem als Berufsbezeichnung »Menschenfreund« steht.

»Da möchte ich mal liegen«, sagt neben mir der drastische Sachse.

»Donnerwetter, ich auch«, denke ich. Und trete von einem Bein auf das andere, so daß mir der drastische Sachse bedeutet, daß die Toilette unten sei. Muß aber gar nicht hinunter, sondern bin nur in Bewegung, weil mir mein vertrautes Kleinzschachwitz vom Schiff aus seltsam fremd vorkommt und alles genau angeschaut werden will, aber das Schiff an den Ufern gerade jetzt ausdrücklich vorüberzufliegen scheint und eigentlich stehenbleiben müßte, um wenigstens alles beim Namen zu nennen. Nur soviel: Unter der Uferböschung rechts eine Abwasserröhre. Die haben wir früher »Echo« genannt. Denn immer wenn wir da hinein die schwerwiegende Frage riefen: »Was haben die Weiber unter den Blusen?« – überlegte die Röhre nur kurz. »Busen«, rief sie – und irrte sich nie – aus ihrer dumpfigen Tiefe hervor. – Oder, nur ein paar Meter weiter, die schmale Uferstelle, wo die runden Steine flach ins Wasser gehen, da hat der Verfasser schwimmen gelernt; und wäre die Elbe wieder so sauber, daß er erneut darin schwimmen könnte, hätte die neuere deutsche Geschichte sich für ihn schon gelohnt.

Auf dem mit großen Steinen gepflasterten, ehemaligen Treidlerweg eine Frau mit Kinderwagen, die, runder Schneckenhut mit Feder, meine Mutter sein könnte. Und folglich der Lockenkopf da, der, über die Steine hüpfend, einen Stoffhasen am Arm hinter sich her schlenkert, der Verfasser als Kind. So daß ich, wenn ich ihm winke, mir sozusagen selber zuwinke. Was allerdings mißlingt. Die beiden können schließlich nicht wissen, daß ich erwachsen geworden bin und neuerdings mit dem Dampfschiff ankomme.

Dann aber winken sie doch, weil alle an Deck, sogar die Berliner, zum Ufer hinüberwinken – denn Winken und Wiederwinken ist solcher Fahrten Sinn.

Reglos steht vor der großen Villa, wo jetzt die Managerschulungen sind, eine Gruppe Leute und schaut andächtig zu uns herüber. Und würden auch gern winken und wissen nur nicht wie. Denn Winken wird erst demnächst behandelt, wenn es um die verkaufsfördernden Maßnahmen geht.

Wir aber sind schon knapp vor der Fähre, und das Dampfschiff tutet zur Warnung, und nochmals weht

Dampf übers Deck. Und rechts sehe ich die kleine, einem Zirkuswagen ähnelnde Bierbude, an der ich sonst immer stehe. Und die, trotz bayrischer Bierampeln zwischen den Birken, nun gleich etwas dürftiger aussieht, da ich schon seit heute früh unterwegs bin und aus der weiten Welt, das heißt aus Meißen, komme. Sehr viele Autos, Ausflüglerbetrieb; junihoch das Gras. Und ein Kerl hat ein Glas Bier mit in die Wiese genommen und liegt da im Gras auf dem Bauch und beugt sich über ein Mädchen, das leider aussieht wie du. Nur schmal ist sie und blond wie früher, von jugendlicher Helle durchschienen. Doch dieser Kerl, lachhaft bartlos und milchgesichtig, glaubt in seinem Alter dich mit dem Mund berühren zu dürfen. – Doch schon geht die Fahrt auf Schloß Pillnitz zu; pagodenartig geschwungene, das Licht in Kaskaden abwärtslenkende Kupferdächer. Zu Wasser gehende Treppe, sphinxviecherbewacht; europäischer Heiterkeitshöhepunkt. Und weiter fährt der Dampfer, Richtung Sächsische Schweiz. Dort extra die Bastei eingerichtet, um Besucher anzuziehen und das Gebirge zu schonen. Das unbedingt zu Dresden gehört, mit künstlichen Wasserfällen und napfkuchenartigen Bergen, plötzlichen Abgründen, darin mancher Tourist von Berliner schon verschwunden sein soll, bizarr geformten Felsennadeln, von diesem eigentümlichen sächsischen Humor.

Verfasser aber bereits in Pillnitz ausgestiegen, um zu Hause endlich einmal nach dem Rechten zu sehn.

Uwe Tellkamp

Auffahrt

Unter den tief herabhängenden Zweigen eines Apfelbaums tauchten die Ausläufer des Turms auf, und als Christian aus dem Schatten der schneelastigen Äste trat, sah er die Lichter wie ein nächtlich flimmerndes Vineta in den Bergflanken schwimmen. Die elektrischen Zitronen aus dem VEB »Narva«, mit denen der Baum dekoriert war, hatten einen Defekt, flackerten nur hin und wieder auf und löschten dann die hinter ihnen liegende Silhouette Dresdens. Er zog die feucht gewordenen, an den wollenen Innenseiten mit Eiskügelchen bedeckten Fäustlinge aus und rieb die vor Kälte fast taub gewordenen Finger rasch gegeneinander, hauchte sie an – der Atem verging als Nebelstreif vor dem finster liegenden, in den Fels gehauenen Eingang des Buchensteigs, der hinauf zum Turm führte. Die Häuser der Schillerstraße verloren sich im Dunkel; vom nächstgelegenen, einem Fachwerkhaus mit verriegelten Fensterläden, lief eine Stromleitung ins Geäst einer der mächtigen Buchen über dem Felstor, ein Adventsstern brannte dort, hell und reglos. Christian, der über das Blaue Wunder und den Körnerplatz gekommen war, ging weiter stadtauswärts, in Richtung Grundstraße, und erreichte bald die Standseilbahn, die ihre Haltestelle hinter einem torartigen Durchgang hatte. Vor den Schaufenstern der Geschäfte, an denen er vorüberging – ein Bäcker, Molkereiwaren, ein Fischladen –, waren die Rolläden herabgelassen; düster und mit aschigen Konturen, halb schon gelöscht in Schatten, lagen die Häuser. Es schien ihm, als ob sie sich aneinanderdrängten, Schutz beieinander suchten vor etwas Unbestimmtem, noch nicht Ergründbarem, das vielleicht aufgleiten würde aus der Dunkelheit – wie der Eismond aufgeglitten war über der Elbe vorhin, als Christian für einen Moment auf der menschenleeren Brücke stehengeblieben war und auf den Fluß geblickt hatte, den dicken, von seiner Mutter gestrickten Wollschal über Ohren und Wangen gezogen gegen den frostscharfen Wind. Der Mond war langsam gestiegen und hatte sich von der kaltträgen, wie flüssige Erde wirkenden Masse des Stroms gelöst, um allein, eine Glasmünze, über den Wiesen mit ihren in Nebelgespinste gehüllten Weiden, dem Bootshaus auf der Altstädter Elbseite zu stehen, den gegen Pillnitz zu sich verlierenden Höhenzügen. Von einem Kirchturm in der Ferne schlug es vier. Christian ging den Weg zur Standseilbahn hinauf, stellte seine Reisetasche auf die verwitterte Bank vor dem Gatter, das den Bahnsteig abschloß, und wartete, die Hände samt Handschuhen in die Taschen seiner militärgrünen Parka gesteckt. Außer ihm wartete niemand auf die Standseilbahn, und um sich die Zeit zu vertreiben, musterte er die Anzeigentafeln, die zu beiden Seiten des Tunnelbogens angebracht waren, in dem in wenigen Minuten fühlerhaft tastende Scheinwerferkegel und schließlich die Bahn selbst hinabgleiten würden. Lange waren die Tafeln nicht mehr gesäubert worden. Eine warb für das Café Toscana auf der Altstädter Elbseite, eine für das weiter in Richtung Schillerplatz zu liegende Geschäft Nähter, eine andere für das Restaurant Sibyllenhof oben im Turm. In Gedanken begann Christian Fingersatz und Melodiefolge des italienischen Stücks zu wiederholen, das auf der Geburtstagsfeier für den Vater gespielt werden sollte. Dann sah er in die Dunkelheit des Tunnels, wo nun Lichtstreu aufzuckte und sich langsam hinabtastete. Ein schwacher Schein wuchs, füllte allmählich die Tunnelhöhlung wie steigendes Wasser einen Brunnen; zugleich wuchs das Geräusch: ein schieferiges Knarren und Ächzen, das Führungsseil aus Stahldrähten knackte unter der Last, ruckend näherte sich die Bahn, eine mit strahligem Licht gefüllte Kapsel; zwei Scheinwerferaugen beleuchteten die Strecke. Im Wagenquader waren die unscharf umrissenen Körper einzelner Fahrgäste zu sehen; in der Mitte der verfließende Schatten des Schaffners, der seit Jahren auf dieser Strecke fuhr: hinauf und hinab, hinab und hinauf immer im Wechsel, vielleicht schloß er die Augen dabei, um dem Anblick des allzu Vertrauten zu entgehen oder um es innerlich zu sehen und es dann zu verdrängen, um Geister zu bannen. Wahrscheinlich aber sah er schon mit dem Gehör, jeder Ruck während der Fahrt mußte ihm bekannt sein und ein Bild in ihm erzeugen, das, vor dem er die Augen verschließen mochte. Christian nahm seine Tasche, suchte einen Groschen hervor und vertrieb sich die bleibenden Augenblicke mit der Betrachtung des Geldstücks: das Eichenlaub neben der plump geschnittenen Zehn, die winzige, abgegriffene Jahreszahl mit dem A darunter, die Rückseite mit Hammer, Zirkel und Ährenkranz, und dachte daran, wie oft sie, Ezzo, Reglinde, Ina und er, die Prägung solcher Geldstücke mit Bleistift auf einem Blatt nachgerieben hatten – Ezzo und Ina waren darin geschickter, auch eifriger gewesen als er, damals, in der Zeit ihrer Träume vom großen Fälscher-, Räuber- und Abenteurerdasein, wie es die Helden der Filme führten, die in den »Park-Lichtspielen« liefen, oder der Bücher von Karl May und Jules Verne. Die Bahn kam, weich bremsend, zum Stehen. Die in der Höhe gestuften und abgeschrägten Türen öffneten sich und ließen die Fahrgäste ins Freie. Der Schaffner stieg aus, schloß das Gatter auf und, für die Aufwärtsfahrenden, einen schmalen

Durchgang daneben. Dort war ein Münzkasten angebracht, Christian warf das Fahrgeld hinein und zog den an der Seite befindlichen Hebel herab; das Zehnpfennigstück rutschte aus der Drehscheibe und fiel zu den anderen auf den Boden. Er mußte lächeln, als ihm einfiel, wie sie als kleine Kinder manchmal statt des Groschens flache, von der Elbe glattgeschliffene Kiesel, die sie »Butterbemmen« nannten, oder Knöpfe eingeworfen hatten – sehr zum Verdruß ihrer Mütter, denen es leid um die Knöpfe tat, denn die kleinen Münzen aus Aluminium bekam man leicht, Knöpfe dagegen schwer. Die Wagentüren waren geschlossen, man mußte sie winters, wollte man ins Abteil, gegen einen Seilzug öffnen; sie schlossen sich sofort, sobald man losließ. Der Schaffner war in das Häuschen gegangen, goß sich einen Kaffee ein und beobachtete die davoneilenden Fahrgäste, die wie Schatten verschwanden, vorn um die Ecken bogen, zum Körnerplatz oder zur Pillnitzer Landstraße. Nach ein paar Minuten ertönte aus dem Lautsprecher über den Anzeigetafeln eine müde klingende Stimme, sächselte etwas, was Christian nicht verstand; aber der Schaffner erhob sich und schloß bedächtig die Tür des Häuschens. Langsam, die runde, lederne Münzwechseltasche schlenkerte auf der abgewetzten Uniform, ging er vor zur Fahrerkabine mit dem Bedienpult, dessen viele Knöpfe Christian sinnlos erschienen, denn gelenkt wurde die Standseilbahn von Seil und Rollen, gebremst im Fall, daß das Seil einmal reißen sollte, automatisch über einen ausgeklügelten Zangenmechanismus. Vielleicht aber hatte es mit den Knöpfen andere Bewandtnis, vielleicht dienten sie der Verständigung oder nur der Psychologie: Knöpfe, die vorhanden waren, mußten auch etwas zu bedeuten haben, eine Funktion erfüllen, erforderten Kenntnis, beugten der Eintönigkeit und Dienstmüdigkeit vor; außerdem gab es ja auch noch das Ausweichmanöver auf halber Strecke. Krachend fiel die Kabinentür, die mit einem Vierkantschlüssel zu öffnen war und nicht über den Seilzug der übrigen Türen lief, hinter dem Schaffner ins Schloß.

»Ab-fahrt«, sagte die Stimme aus dem Lautsprecher. Der Wagen blieb noch einen Moment reglos am Ort, setzte sich dann weich in Bewegung und glitt langsam aus der Haltebucht heraus und empor. Christian wandte sich um und sah, wie sich Weg und Wartehof perspektivisch verkleinerten, bis nur noch das Oval übrigblieb, das die Tunnelhöhlung gegen den feuersteinfarbenen Himmel ließ; allmählich wurde es ebenfalls kleiner, eine Kulisse Dunkelheit schob sich langsam von der Seite vor, und für kurze Zeit, bevor der Ausgang in Sicht kam, spendeten nur die Tunnellampen und die Scheinwerfer spärliches Licht. Christian nahm ein Buch aus der Tasche, das ihm sein Onkel Meno geschenkt hatte. Es war ein ziemlich dickes, auf schlechtes, faseriges Papier gedrucktes und in grünes Leinen gebundenes Werk; das Umschlagbildnis kannte er aus einer Faksimile-Ausgabe der Manessischen Handschrift, die er in der Bibliothek seines Onkels, aber auch bei Buchmeisters gesehen hatte, dort in einem besonders schönen und wohlerhaltenen Exemplar; Niklas, Ezzos und Reglindes Vater, las oft darin. Das Bildnis zeigte die Sagengestalt des Tannhäuser, einen rotlockigen Mann im blauen Gewand mit weißem Überwurf, ein schwarzes Kreuz auf der Brust, das schwarzgelb geteilte Wappen neben einem Flügelhelm über stilisierten Rankenpflanzen; die Linke hatte der »Tanhuser«, wie sein Name über der Tafel geschrieben stand, abwehrend oder vielleicht auch vorsichtig grüßend erhoben; die Rechte schürzte den Überwurf. Christian öffnete den Band. »Älteste deutsche Dichtungen, in Auswahl herausgegeben und mit Anmerkungen versehen von Meno Rohde«, las er, dann schlug er die

Sage von Orendel wieder auf, in der er auf der Fahrt von Waldbrunn nach Dresden schon gelesen hatte. Die über ihm an der Wagendecke angebrachte Lampe begann zu raspeln, die aufgeschlagene Seite bekam ein körniges, fahles Aussehen, und im leisen Vibrieren der Fahrt verschwammen die Buchstaben vor seinen Augen. Er fand keine Konzentration für die Geschichte des Goldsporenritters, der mit zweiundsiebzig Schiffen ausgezogen war, um Königin Bride zu freien. Die Lampe erlosch. Die Bahn erreichte, das langsame, aber stete Aufwärtssteigen hin und wieder von Unebenheiten in den Rollenwechseln ruckend erschüttert, die Höhe des neben der Fahrtstrecke laufenden Buchensteigs und ging eine Weile, wenige Meter über dem Boden, zum Weg parallel. Oben, neben dem zweiten Tunnel der Standseilbahn, kam das alte, schon vor mehreren Jahren geschlossene Restaurant Sibyllenhof in Sicht, dessen Terrassen weit aus dem Berg ragten und wie von Riesenkindern vergessene Schul-Schiefertafeln in der Dunkelheit lagen; die Bahn würde darauf zufahren und erst kurz vor der untersten Terrasse nach rechts in die Tunneleinfahrt zur Bergstation schwenken. Christian bemerkte, daß sie sich über Vogelstroms Haus befanden, des Übersetzers und Illustrators grauer Burg, die Rohde immer »das Spinnwebhaus« nannte, eine Bezeichnung, die für Christian, wie er nun aus dem Fenster blickte, das Gesicht nahe an der kalten Scheibe, alles Sonderbare und Entrückte verlor und sich ins Antlitz hinter der Tagesnüchternheit des Hauses wandelte, zu einer tieferen Wahrheit hinter der Maske aus unnahbar wirkenden Fenstern und hohen Bäumen davor. In der aufruhenden Masse der Loschwitzhänge jenseits der Grundstraße, die nun, teilweise sichtbar, als blasses Band in der Tiefe schwang, verlor sich das Mondlicht, blich ab in kristallinen Nadeln und erreichte nur, wie darüber hinwegscheinend, in schwachen Schimmern die Umrisse von Vogelstroms Haus. Der Garten lag finster, geschützt vor Ereignissen und Blicken; kaum, daß Christian die schneeüberstäubten Birnbaum- und Buchenkronen erkennen konnte, deren feines Geäst rauchgespinsthaft über der Tiefe hing. Er sah den Brunnen hinter dem rostigen Eisenlilientor vor sich, die fast gänzlich zugewachsene Auffahrt, die vor dem verwitterten, steinernen Brunnenwels einen Bogen beschrieb und über moosige Stufen nach oben führte; der Anfang eines Gedichts war in die Tafel über dem Brunnenwels gemeißelt; verwaschen waren die Buchstaben, halb schon gelöscht. Christian konnte sich auf den Wortlaut nicht besinnen, sosehr er sich auch mühte, dagegen sah er die abgebrochenen Barten des Welses deutlich vor sich, die erblindeten Augen und das dunkle Mooskleid; erinnerte sich an seine abergläubische Furcht vor dem Tier und auch vor dem lang schon verstummten, Gruftkälte atmenden Brunnen, wenn Meno und er Vogelstrom besucht hatten; seine fast schon kindliche Furcht, genährt dann auch von den sonderbaren Gesprächen, die Meno und der hagere Illustrator im Spinnwebhaus geführt hatten. Dabei waren ihm weniger die Worte und Themen selbst sonderbar erschienen als vielmehr die Atmosphäre des Hauses; mit kindlichem Un-, allenfalls Halb- oder Dreiviertelverstand hatte er das Wenige, was zu verstehen gewesen war, für richtig und der Erwachsenenwelt angemessen befunden, die sich von ihren Höhen zu ihm, dem Jungen von elf oder zwölf Jahren, herabbeugte; an Worte wie »Yggdrasil« oder »Magelone« konnte er sich erinnern, Beschwörungen eher als Begriffe, die in der wirklichen Welt etwas zu bedeuten hatten, wie es ihm, in erwachenden Ahnungen, erschienen war; Worte, die ihn eigentümlich berührten und die er nie wieder vergessen hatte, obwohl sie ihm weniger geheimnisvoll erschienen waren als die Gemälde im düsteren vogelstromschen Hausflur: idyllische Landschaften, in hellblauem Licht sich verlierende Gartenszenerien mit flötespielenden Faunen und Quellnymphen, eine altbraune Ahnenreihe, ernst blickende Frauen und Männer darauf mit einer Blume, einer Nessel oder, dies hatte er lange und staunend betrachtet, einer goldenen Schnecke in der Hand. Mit diesen im Flur dahindämmernden Bildern, auf die Vogelstrom und auch Meno nur selten einen Blick warfen, wenn sie daran vorübergingen, schienen die beiden Worte, die Christian so sonderbar im Ohr klangen, viel eher zu tun zu haben: das für die Esche der Sage und der Name eines den Zeitentiefen entstiegenen und wieder darin entschwundenen Mädchens; er hatte ihren verschollenen Wohlklang immer wieder in murmelnden Selbstgesprächen gekostet. Klang war es auch, was ihm von den Gesprächen hauptsächlich haftengeblieben war, eine Art von Flußgeraun aus Vogelstroms Atelier, das im Winter so kalt war, daß Frostblumen nach den Staffeleien und der mit Rautenmustern bedruckten Tapete griffen und die beiden Männer mit rauchendem Atem, Meno mit Vogelstroms Lammfellmantel über den Schultern, Vogelstrom selbst in mehreren Pullovern und Hemden, durch den Raum liefen; kaum unterscheidbare Stimmen, wenn sie in der Bibliothek gewesen waren und Christian vom Flur lauschte, eines der Ahnengesichter betrachtend; hin und wieder erklang vorsichtiges Lachen, wurde Tadel oder Lob des jeweiligen Tabaks laut. Manchmal rief Meno und zeigte ihm, der Illustrator blätterte vorsichtig um, alte Stahl- oder Kupferstiche in muffig riechenden Folianten, und dann mochte es wohl sein, daß Worte fielen, die als etwas Sonderbares, noch nie Gehörtes im Ohr blieben, Worte wie jene beiden zauberischen Namen. – Das Licht über ihm zitterte wieder auf. Von oben, aus der Dunkelheit unterhalb des Tunnels und des Sibyllenhofs, kroch die Gegenbahn auf sie zu und erreichte zum selben Zeitpunkt wie sie die Schleife, wo die Fahrspur sich teilte und eine Bahn der anderen ausweichen konnte. Man sah den Fahrer als reglosen Schemen in der langsam vorübergleitenden Kapsel sitzen und den Gruß des graubärtigen Schaffners mit einem knappen Kopfnicken erwidern, dann sank der Wagen hinab und entschwand dem Blick. Christian erinnerte sich, im Spinnwebhaus zum ersten Mal etwas von Poe gehört zu haben; Meno und Vogelstrom hatten Illustrationen zu einer Erzählung betrachtet; besonders erinnerte er sich an ein Blatt, auf dem Vogelstroms kunstvolle Radiernadel eine Festung dargestellt hatte, die ins nachtfinstere Land ragte; dann Fürst Prospero mit seiner Gefolgschaft von tausend Damen und Rittern in der Burg mit den zugeschmiedeten Schlössern; wieder war es ihm, als ob er sie, wie damals unter Vogelstroms magerfeingliedriger Hand, wandeln und miteinander plaudern sähe, als ob die Gesellschaft lachte und lebendig ihre heiteren Spiele spielte, während draußen die Seuche herrschte und das Land verwüstete; als ob Prospero durch die Säle ginge, die im Rausch eines großen Festes glänzten; Musik erklang, und ihre Melodien wehten durch die Räume wie ein langvergessener, wundersamer Duft, die Augen der Glücklichen leuchteten, still verlor sich der Schlag der Ebenholzuhr, die im Saal der Bilder stand, in den Weiten des Schlosses, und in den sieben Sälen davor tanzten die Menschen, denn Fürst Prospero duldete keine Traurigkeit, und in der Musik, im Gelächter und Gesang war das Gebell der Hunde draußen vor den Toren, waren die Schreie der Unglücklichen nicht mehr zu hören.

Christian, tief in seine Erinnerungen und Gedanken versunken, hatte kaum bemerkt, wie der Wagen in den oberen Tunnel eingefahren war, der durch die weißgekalkten Wände heller als der untere wirkte, hatte nur einen gewohnheitsmäßigen, aber nicht eigentlich wahrnehmenden Blick auf das freundlich hellgetünchte Kabinenhaus mit dem anmutig geschwungenen Dach geworfen, an das sich der Backsteinbau mit der Leuchtröhrenaufschrift »Standseilbahn«, dem Maschinenraum und dem kleinen Vestibül anschloß, wo man warten und alte Fotografien der Bahn, frühere Modelle und technische Einzelheiten darstellend, in einer Vitrine betrachten konnte. Leicht nachfedernd kam die Bahn zum Stehen. Schnarrend öffneten sich die Türen. Christian ging, immer noch gedankenversunken, über die flachen Stufen der Haltebucht auf das Gattertor des Ausgangs zu. Der Schaffner schlurfte in Richtung Vestibül, griff nach einem am Gemäuer verborgenen Knopf, das Türschloß summte, und Christian trat nach draußen. Er war zu Hause, im Turm.

Volker Braun

Die Sächsische Flut 2002

Regengüsse, Schlamm in den Häusern
Ein dunkler August
Der Sturz aus allen Kalendern:
Was soll das wern –!

Die Weißeritz im alten Bette
Ein donnernder Zug
Durch den Hauptbahnhof, und die Elbe
Steigt breit die Treppen herauf
Mit ihrem Gefolge
    Unrat auf Unrat!

Die Landschaft der Liebe Schlamm
Auf den Laken.

Und Dresdens feuertrunkene Tote
Schwimmen nach oben wassersüchtig
So rasch gommdr ni davon / Im Lehm und Tod ni
ES GIBT EINE ANDERE WELT und so sieht sie aus;
Die albträumende Menschheit

Wir Menschen sind nah am Wasser gebaut
Und verdichten den Boden
Undurchlässigste
Kreaturen.

Schlamm auf dem Schreibtisch
    mein Stück
Spielt am Strand. Es ist ein Traumstrand
Nackte Touristen und Flüchtlinge
Kämpfen um die Strandburg. Oder in Genua

Weil ich nicht weiter weiß, schlafende Polizisten
Tauschen die Rollen
ES GIBT EINE ANDERE WELT
Mit prügelnden Demonstranten.

Drei vier Zeitalter von gleicher Machart
Und die Sintflut ist Grundversorgung
(: ein Fondsmanager Fachmann für Verluste)
feststeht, es wird in diesem Jahrhundert rauher zugehn
auf dem Planeten, Niederschläge Trockenheit, Wirbel-
stürme warten an den Fronten, Fliegen Flieger schwärme &
atlantische Störungen an den Wassern von Euphrat und
Tigris / Die können die Wüste in die Sandsäcke füllen

Wenn mr ni so erschöpft wär, könnte mr heulen.

Sagte ich Liebe
– – – – diese Zeile, ein Plünderer

An beiden aber unglaublich entfernten
Ufern schweißnasse
Von sonstewoher
Stehen einander bei, als wenn se sich kenntn!

Es gibt, ja doch nein
Mein Herz, Schlamm in den Kammern
   ES GIBT EINE ANDERE WELT.

Das Grab meiner Mutter
Steht unter Wasser
Im Loschwitzer Friedhof: was sollchn da Tränen
Vergießen

Jörg Bernig

schichten

das dörfchen von den hussiten
zerstört erdbodengleich 1429
zweihundertsechzehn jahre darauf
der friedensschluß zwischen Sachsen
und Schweden in einer kirche

von der Elbe herauf hört man
das schaufelradklatschen
der dampfer auf ihrem weg
stromabwärts nach Meißen oder
das schnaufen der schlepper nach Prag

im sommer ist das flußtal
ein becken voll zirpen
eine gabelweihe schreit einsam
wenn der wind dreht rauscht herüber
die straße von Aachen nach Görlitz

im winter krallen die bäume sich fest
an den bäuchen tiefziehender wolken
alle fensterläden sind dann geschlossen
ganz wie in Italien hier am nördlichsten
pol eines sehr fernen südens

aufgeschlagen liegt da das land

aufgeschlagen liegt da das land
stromabwärts bei Meißen die klippen sind
fleischroter stein und der kirchpfahl von Zadel
schaut weithin weg wie um hilfe

siedlungen seh ich murrende dörfer
türen fenster und wie der schornsteinrauch kippt
die unsicherheit einer papstwahl –
warten nur warten ein wenig höchstens acht wochen

und meine böhmische liebste die Elbe
schiebt eis und schnee auf die wunden
sie ist die treuste von allen
geht immer bleibt nie

III

Stadtbesichtigungen

Volker Braun

Der Schlamm

Am Montag früh fuhr ich mit dem Bus nach Norden. Die Sonne warm auf den Feldern, der Himmel hell, leuchtend, der Asphalt blank in das Land hin, das alles ging mich nichts an.

Die Felder wurden größer, Dörfer, Fabriken im Rauch. Die Menschen strömten über den Rand der Siedlungen, die Landschaft beulte sich aus wie von vielen Schritten, die alten niedrigen Wälder hatten an den Stämmen Ziegeltöpfe, in die das Harz floß: die Wälder bluteten aus, sie waren gezeichnet von ihrem Ende, das Land war nur ein Entwurf gewesen, die ganze verstaubte Oberfläche; die Tagebaue würden über die Fernstraße weg und die Städte weg ihre Strossen ausschwenken. Ich war völlig leer, gleichgültig; ich sah alles an wie eine fremde, unbekannte Gegend.

An einem Wohnlager stieg ich aus, rostrot gestrichene Baracken in geraden Reihen, Sandwege, Kiefern zwischen den Baracken, Radiomusik. Ich meldete mich an als Arbeitssuchender, sie nahmen hier jeden, wußte ich, mich auch. »Größter Bauplatz des Kontinents.«

Ich wurde einer Tiefbaubrigade zugeteilt, die Betonrohre legte, am zweiten Tag war es schon ein gewohntes Bild: Lübben stand fluchend auf dem Betonrohr, er war der Stärkste und zog die Kette des Flaschenzugs, der über ihm im Dreibock hing. Er schwitzte und fluchte, zog, wischte sich mit dem Schutzhandschuh die Brühe von der Stirn, zog wieder, alle sahn auf die Beine des Dreibocks. – »Halt an! Er haut ab. Ich hab gleich gesagt, das Rohr hat zuviel Zug«, sagte der Pastor, Pastor war kein Spitzname. Dieter sagte: »Laß noch mal runter«, Dieter vertrat den Brigadier, er blieb immer ruhig, alle vertrugen sich mit ihm. Zwei nahmen den Knüppel, hoben das Dreibockbein und setzten es neu in den Klotz. Der Schlupf, der um das mächtige Rohr lag, wurde vorgeschoben. Das Rohr wog achtzig Zentner. Drin saß Bad Kösen mit der Winde. Wenn Dieter mit dem Eisen auf das Rohr schlug, einmal, zweimal oder dreimal, mußte Bad Kösen die Winde rausdrehn oder rausreißen. Er sang im Rohr, nicht schön, da hörte er nicht gut, was die draußen klopften.

Den Graben, der die Rohre aufnahm, kratzte ein kleiner Eimerkettenbagger in den weichen Boden, wir hatten den letzten Dreck glattzuschaufeln, aber das Wasser schoß aus den Hängen und war noch vor uns im Graben, und der Dreck war Schlamm. Die Schippe in den nassen Dreck gewuchtet, rausgerissen, die Arme und der Leib drehten sich leicht, der Schlamm wurde nach hinten geglitscht zur nächsten Schaufel, auf einem Häppchen Holz wurde herumgeschlagen, daß dieser Dreck endlich von der Schippe flog. Die Gummistiefel sanken in die Suppe, die Beine waren angenagelt. Erst wenn das Wasser in die Schäfte lief, wurde die Ferse hochgerissen und mit beiden Händen der Stiefel herausgezogen. Wenn es nicht ging, packte ein anderer mit an. Wieder Schaufel rein, hoch, hintergeglitscht. Rein, hoch, hinter, abgeklopft.

Die Schaufel wollte nicht in den Schlamm, und der Schlamm wollte nicht von der Schaufel. Hier wurde jede Norm zum Witz. Wenn ich die Luft durch die geschloßnen Lippen blies, sprühten Tropfen von Wangen und Kinn. Die Jacken und die verklebten Hemden flogen aus dem Graben.

Wir standen drei Stunden im Schlamm, als zwei Brigademitglieder erst ankamen. Keiner sagte etwas, die beiden müden, weißen Gesichter nicht und die schweißigen, roten Gesichter nicht. Jetzt war etwas Böses in der Bewegung, mit der die Schaufeln in den Dreck flogen.

Die beiden waren aus einer Brigade übernommen, die um den Titel »Brigade der sozialistischen Arbeit« zu kämpfen begonnen hatte. Wer weiß warum sie nicht dort geblieben waren. »Warum seid ihr nicht in der Brigade geblieben«, fragte ich, »hattet ihr keine Lust, euch für das Kombinat zu qualifizieren?« – »Student, nimm die Schippe voll«, sagte einer. Da ich nicht, wie sie, Schuster oder Bäcker gelernt hatte oder einen andern Beruf, der weniger lockte als die Großbaustelle, auf der was geschah und Geld verdient wurde, hieß ich »Student«. Ich wagte noch nicht, eine längere Pause zu machen und mich auf die Böschung zu setzen, wie der Pastor, dem man das zubilligte, da er eine lange dürre Gestalt hatte und beim Rohrlegen schnell die Kommandos gab. »Diese Brigaden«, sagte Löbau, den das Bier drei Stunden zu lange schlafen ließ. »Da haben wir einen Abend gemacht, alle sozialistischen Brigaden des Betriebs. Erfahrungsaustausch. Und die große Linie. Da haben sie Kästen Bier angerollt, und jeder konnte sich nehmen und das Geld in eine Kiste legen. Selbstbedienung. Am Ende fehlten 58 Mark.« – »Aber an den Händen sind Schwielen. Das ist die größere Ehrlichkeit«, sagte ich. Sie lachten. – Der Meister, ein Riese, schlurfte breit zwischen die Kumpel. Die »Blaue Tür« mußte schon früh aufgewesen sein. »Du, Löbau, du bist doch immer zu spät gekommen!« grölte er und stützte sich an einen Baum. »Gestern nicht«, sagte Löbau. – »Naja, also borg mir zwanzig Mark.« – »Ich habe nichts hier.« – Der alte Otto lief mit seinem stillen Lächeln weg. Der Meister ließ nicht locker: »Ihr habt alles wiederbekommen – das wißt ihr. Lebt ihr einen guten Tag, bei mir – oder wollt ihr sagen, daß ich nicht für euch sorge? Ihr habt gestern weniger Stunden gearbeitet, als ich aufgeschrieben hab!« Er hatte recht. Seit R., der Brigadier, krank war, verdienten sie gut. R. war ein alter Mann, er schrieb bei der Abrechnung nie einen Kubik zuviel; die Brigade kam mit ihm und dem Boden kaum über 80 Prozent, sicher hatte er bei der Betriebsleitung einen guten Stand. – Bad Kösen gab dem Meister zehn Mark. Der schob sich das Fahrrad zwischen die Beine und torkelte los. Vor der Kurve fiel er langsam auf die Brust und blieb eine Weile liegen. Dann schaute er verlegen die Kette an und fuhr weiter. Fallen konnte er, das hatte er gelernt, bei den Fallschirmjägern. R. brach sich gleich die Hand, als sie vom Tanz zu den Baracken fuhren und die Räder ineinander.

Mittags brachte der Bauleiter einen Mann her, J. Er wurde johlend begrüßt und stand eine Weile auf den Rohren. Ich erfuhr: er war Brigadier einer Brigade, die um den Titel kämpfte und jetzt mit an den Graben sollte, damit die Rohre in zwei Schichten gelegt werden konnten. Er stand auf den Rohren, ließ sich vom Bauleiter die Normen zurufen, zog die Kette am Dreibock, trank eine Flasche Bier, die Dieter spendierte, sah immer zu uns herunter, dann lachte er. Er ging auf den Bauleiter zu, stand dicht vor ihm und brüllte: »Nee, Mann, meine Leute kriegst du nicht hier rein.« Dann fuhren die beiden davon.

In den Rohren sollten die Abwässer aus den Tagebauen in das Kombinat fließen. Wir arbeiteten zehn Stunden am Tag im Graben. Alles floß in das Kombinat. Menschen, junge, alte, Goldgräber, Neuerer, Stahl, Kräne, Dumper, LKWs, Stahl, Zement, Menschen, Menschen. Glas, Holz, Wasser, Schreibtische, vorläufig noch Energie. Es floß, versank im Strudel, Dreck flog auf, verklebte die Poren. Und aus dem Kreisen und Strudeln und aus dem Dreck und dem Schweiß, an dem er klebte, hob sich eine Landschaft aus der andern. Ich sah die Kohlebunker. Die Transportbänder. Die Brechmühlen. Die Brikettpressen. Die Kessel. Die Kühltürme. Die Schlote. Die Umspannstationen. Die Gleise und Betonstraßen. Von den Händen platzte die Haut, die Finger schmerzten, in den Armen hing Blei. Am zweiten Tag war es schwerer als am ersten. Die Glieder waren schon wie wundgeschlagen, bevor die Arbeit begann. Die Hände brannten an der Schaufel, das Gewicht des Schlamms, der an der Schaufel haften blieb, schien die Arme aus der Brust zu reißen. Nach jeder Unterbrechung wurde es unmöglicher, die Schaufel anzufassen; ich schippte ohne Pause. Wenn ich jetzt aufhörte, konnte ich aufgeben. Ich wollte nicht aufgeben. Das Land floß zäh unter den Stiefeln hin; die Schaufel – das war alles, was ich hatte, die Schaufel blieb stecken, ich zog sie heraus, ich schleuderte das Land von mir, es hing an der Schaufel, ich schlug es los, es war wie ein Kampf, Stunde um Stunde, am dritten Tag waren wir weiter im Land, am vierten Tag war es leichter.

Am Freitag um elf fuhren wir mit dem Bus zurück zu den Baracken, die Arbeitswoche war zuende. Ich legte mich aufs Bett, die drei andern Zimmerinsassen duschten sich und packten die Koffer, der letzte ging gegen eins. Ich überlegte, ob ich etwas malen sollte, denn die Wände waren mit einer drückenden dunklen Farbe getüncht, vier Spinde, ein Tisch, vier Stühle, vier Drahtbetten. Aber ich lief durchs Lager, unter den Kiefern hin, es wurde allmählich völlig still, in den Baracken lagen wenige Männer herum, Frauen gab es hier nicht.

Ich lief eine halbe Stunde, ich hatte eine Sehnsucht nach irgendwas, aber was? Ich wußte es nicht. Die Sonne schien, und bleifarbnes Gewölk schob sich über die roten Baracken hin, und für Minuten schneite es, die kleinen Flocken schwebten wie Blütenblätter und Sporen.

Das also war mein Leben. Eine Arbeit, endlos, ohne große sichtbare Ergebnisse, die brauchte soundsoviele Leute, auch mich, oder einen andern. Die Tage gingen hin, da hatte ich die Schaufel gesehn und den Dreck und die Uhr. Aber jetzt wurde ich traurig. Zwei Tage, wie sollte ich sie hinbringen mit dieser Traurigkeit! Die andern flohen aus dem Lager, aber wohin sollte ich? Aber mußte man nicht irgendwohin fort?

Ich fuhr nach H., auf einer Wiese vor der Stadt lärmte ein Rummel mit Schießbuden und Schiffschaukeln, ein kleiner Zirkus, die Vorstellung begann in der Minute, ich nahm eine Karte und saß im Zelt; das Kino begann um acht, zehn Minuten vorher verließ ich rasch den Zirkus, rannte durch die kleine Stadt und kam eben zum Film zurecht; auch er langte nicht – als er aus war, suchte ich eilig in den Neubauten die große Halle, ich fand sie nach halb elf, trank zwei Glas Bier, ich kannte keinen, dann in den Saal, tanzte wenige Male, dann wurde das Haus geschlossen; ich brachte ein Mädchen durch zwei dunkle Straßen, erreichte noch den letzten Bus und fuhr zurück ins Lager.

Ich fand mich am andern Tag allein in der Baracke und fuhr heim in die Stadt, aus der ich auf die Baustelle gekommen war. Um drei kam ich an, halb vier war ich an den Hängen, ich sah den Fluß, der seinen ersten weichen Bogen macht und kalt und schmutzig gegen die helle Stadt schwappt, die kleinen Häuser in seinem Dunst, und die großen rücken vor den Straßenbahnen auseinander, dort, der Boden springt sanft auf, die Wälder Eichendorffs, die kleinen Häuser Ludwig Richters, dort, wo Schiller zu Körners Weinberg emporstieg. Die Hände schmerzten nicht mehr, ich sah die Brücke, die Blaues Wunder heißt, mit zwei spitzen Bögen über dem

Wasser, den goldenen Mann auf dem Rathausturm, ich sah, durch Sträucher voller Knospen, gegen die Sonne die zerfallenen Türme, leuchtend die Trümmer, fern fast lieblich die Ruinen. Ich saß lange, ich war froh, stundenlang so sitzen, nichts tun, nur hinabsehn! Weiter wollte ich nichts, so berauscht von den Farben des Himmels, der gelb in das Elbtal floß und im Dunst sprühend fortwuchs hinter die kleinen Gebirge, der Fluß wie weißes Metall, die Stadt dröhnte, als schmelze sie sich in den Fluß.

Als die Sonne unterging, stieg ich den Hang hinab, gelangte über Treppen in einen Weg, der mit kleinem Pflaster auf den Fluß zulief, aus den Gärten über den hohen Mauern fiel Gerank, Blumen, es hatte wohl früher Veilchen hier gegeben, er hieß Veilchenweg. Hier wohnte Anka.

Aber ich ging an dem Haus vorbei, hinunter auf den Platz, ging in eine Telefonzelle, sie anzurufen, die Groschen blieben im Telefon, ich hing den Hörer an und ließ es sein. Ich erinnerte mich. Einmal hatte sie gefragt, was an ihr sei, daß sie mir gefiele; was war an ihr? Ich hatte sie gezeichnet, sie war in derselben Schule, in die Hefte im Unterricht, ihren Kopf mit dunklen Haaren, die glatt bis vor die Augen fielen, das Gesicht – was war an ihr? Gar nichts Besonderes, weder besondere Schönheit noch besondere Fähigkeiten, noch eine Fürsorge für wen, die mich gerührt hätte. Ihr ungezwungnes, fröhliches Betragen –, und daß ich bei ihr zum erstenmal das seltsame schöne Gefühl hatte *zu lieben*, ihr so nah sein zu wollen wie mir. Aber ich war ihr nicht so nah gekommen; ich liebte sie und hatte nicht gewagt, sie zu besitzen. Vielleicht, ich geb es zu, war d a s der Grund. Die Wahrheit ist, daß ich mir kaum Gedanken machte über das Warum und Woher, daß die Liebe so selbstverständlich da war wie alles, was von mir abhing. Auf der

Asphaltstraße oberhalb der Schwebebahn, an dem großen Baum, dessen Äste »wie Runzeln vor dem Gesicht des Mondes« hingen, hatten wir lange in der warmen Nacht gestanden, in ihren Augen, die sie beim Küssen nicht schloß, hatte ich die Sterne gesehn; und ich hatte ihr gesagt (nur weil es irgendwann wahr sein würde), daß ich nicht immer bei ihr bleiben könnte. Sie hatte geweint. Wenige Tage später, bei einem Fastnachtsvergnügen: das dunkle Haar glatt in der Stirn, die weiße Bluse mit Bändern, die die kurzen Ärmel an die Arme banden, der Rock, aus quer aneinandergenähten bunten Streifen, sie hatte gelacht. Dann war sie aus dem Saal verschwunden, ich hatte sie in einem finsteren Gang gefunden, mit einem andern. Ich hatte sie aufgefordert mitzukommen, »warum?«, in ihren Augen hatten die Lichter des Saals getanzt, sie hatte mich bös angeblickt und gelacht.

Jetzt lief ich über das Pflaster hinauf, unten zuckelten die Straßenbahnen eingleisig bergan wie alte sehr unsichere Tiere, die es nicht mehr zu schlachten lohnt. In der Gaststätte mit den leeren Terrassen trank ich etwas, ich trank, bis ich weder traurig noch zornig war, ich hielt mein Gesicht in den Händen, das war naß, aber die Tränen gingen mich nichts an, ich dachte, es wäre ein Mädchengesicht, und ich fühlte und tastete mit den Fingern, wie in einer Freude: du liebes Mädchen ... – Ich liebte sie!

Den Sonntag verbrachte ich in Museen. Die Sempergalerie, dem Eingang gegenüber hing Raffaels *Madonna*, vor der die Menge stumm verharrte, ein Blick auf Mantegnas *Heilige Familie* und Tizians *Zinsgroschen*, die danebenhingen, wie auf Kleinigkeiten; in die anderen Oberlichtsäle, die nackten und bekleideten Körper, die *Schlummernde Venus* des Giorgione, Figuren und Gruppen, einzeln und losgelöst vom Hintergrund (arbeitslos). Ein Saal der Venetianer, biblische Gebilde, dann gleich die Flamen, denn der Platz reichte nicht aus, ein Flügel des Gebäudes ist noch zertrümmert, die Holländer, Rembrandt. Und noch einmal, eilig, zur *Schlummernden Venus*: der Widerstreit zwischen dem ruhigen ruhenden Leib und dem zerwühlten Tuch, na. Durch einen schmalen Gang hinüber in den Zwinger, im Fenster die Pavillons und Springbrunnen, eine abgeschlossene Welt, in die ich floh, wo alles schön ist.

Am Nachmittag hinaus zum Schloß P., ich ging in den Sälen auf und ab, als wenn sie in diese Zeit paßten oder zu mir, die Jagdzimmer mit kunstvollen Parketts, setzte mich, heimlich, in den feudalen Sessel (verborgen hinter feudalen Schränken), schritt gemessen über die Galerien. Es wurde schon dunkel, hinter dem Wasserpalais standen Stuhlreihen zur Serenade bereit, Händel, Haydn, Die kleine Nachtmusik, der Abend kam kalt und schwarz über den Säulen und Türmchen; durch den Park in die volle Bahn, nachts den Hang hinauf.

In der »Schönen Aussicht« traf ich S., die Tochter eines Musikers, wir saßen, nicht lange, auf einer Bank über der Stadt. Sie erzählte, daß sie Sängerin werden wolle, aber die Aufnahmeprüfung nicht bestanden habe: »mangels politischer Kenntnisse«. Sie wolle, morgen, nach West-Berlin fahren, den Sommer arbeiten und sich das Geld für den Flug nach München verdienen, um dort zu studieren. Was sollte ich ihr, wenige Stunden eh ihr Zug ging, sagen? Daß sie nicht abhaun sollte in das andere Land, das dem alten, gewalttätigen glich? Daß sie, mit ihren Händen, die doch sanft und leicht bleiben mußten für das Klavier, arbeiten sollte irgendwo auf den Holzplätzen, im Schlamm? Kann sein, das sagte ich ihr; als ob ich sie brauchte, mit mir die Arbeit zu teilen, die mich wieder erwartete. Als ob da ein Weg lag für mich, den ich mit Sätzen wie mit einer Mauer sperrte. Ich redete zu ihr wie zu einem zähen Gedanken in mir; zu ihr zu reden war es längst zu spät. – Am Montag trug ich S. die Koffer zum Bahnhof, dann ging ich wieder zum Bus, der ins Kombinat fuhr.

Michel Leiris

Besuch in Dresden

Als gegen Ende des letzten Krieges Dresden von den Flugzeugen der Alliierten in einer einzigen Nacht fast dem Erdboden gleichgemacht wurde, bekam auch der Zoo in einem Park, der ein wenig dem Bois de Boulogne glich, schwere Treffer ab. Viele Tiere (darunter auch einige gefährliche) flohen aus ihren Käfigen mit den zerstörten Gittern und flüchteten sich in diesen Wald, wo sie auf Einwohner und Einwohnerinnen der Stadt trafen, die wie sie geflüchtet waren. Nichts Schlimmes geschah, versichert man, denn der Schrecken, der Tiere und Menschen zermalmte, hatte einen Frieden wie in einem irdischen Paradies zwischen ihnen gestiftet. Und – Romantik oder Redensart – man erzählt sogar, daß die einen sich gegen die andern schmiegten.

Als wir vor einigen Jahren durch Dresden kamen – wo uns diese Einzelheiten über den Luftangriff mitgeteilt wurden, der nach allem, was man sagte, militärisch sinnlos war –, schliefen wir in einem Hotel, das angeblich im Zentrum lag. Aber wo war dieses Zentrum? In der Umgebung des Hotels sah man nur mit Gras und Bäumen bewachsene Flächen ... Man brauchte eine Weile, um zu begreifen, daß die Angaben weder ein Irrtum noch eine Lüge waren: es war tatsächlich das Zentrum – eine Mitte, die sich schlichtweg in Luft aufgelöst hatte.

Im Zoo, dem wir einen Besuch abstatteten, löste ein großer Menschenaffe fast eine Panik aus: brüllend und mit seinen Fäusten gegen die Eisentür hämmernd, hinter der er eingeschlossen war (Faustschläge, die fast so viel Lärm machten wie Kanonenschüsse, so daß man glaubte, sie würden die Tür sprengen), erzwang er – auf diese Weise seine Fütterung fordernd – den unverzüglichen Aufbruch der Spaziergänger, die den Gang verstopften, in dem sich sein Käfig befand. Vielleicht brach hier eine dumpfe Furcht des Menschen durch, daß – am Ende der Welt – die Tiere eines Tages aufbegehren?

Durs Grünbein

Madonna und Venus

»Ich hatte mich darauf gefreut, Dresden
mit einer klareren Haltung Giorgione
gegenüber zu verlassen ...«
Samuel Beckett, Brief an Mc Greevy, 16.2.1937

Wenn ich die Augen schließe, sehe ich diese Aufnahmen aus den siebziger Jahren. Die Bilderfolge ist immer dieselbe, vielleicht etwas überbelichtet. Eine Gruppe von Schülern, versammelt zum Klassenausflug, zieht durch das Zentrum der Elbestadt. Zielstrebig steuert sie auf deren Wahrzeichen zu, den possierlichen Zwinger, schlüpft im Gänsemarsch durch das Tor in Form einer steinernen Krone oder kommt, laut schnatternd, von der anderen Seite herbeigelaufen, an Sempers Oper vorbei, den Theaterplatz überquerend. So oder so, vor dem Museumseingang machen sie Halt, lesen wie jedesmal brav und beeindruckt die russische Inschrift, die ein Soldat am Ende des letzten Krieges dort an die Mauer gekritzelt hat, zum Zeichen dafür, daß die Gegend von Minen geräumt worden war. Dabei entgehen ihnen, hoch über ihren Köpfen in einer Nische des Triumphbogens, die Statuen zweier Männer. Dann drängeln sie alle den steilen Treppenaufgang hinauf, in einen Strudel aus Marmorböden, Gobelins und goldenen Rahmen, schieben geschwind durch die Säle der Niederländer und Italiener, ohne Blick für Tizians *Zinsgroschen*, die vielsagende Szene, und ohne an den Brombeerranken in Jan Wildens Winterlandschaft mit dem Hasenjäger und seinen Hunden hängenzubleiben. Nicht einmal Rembrandts Ganymedknabe in den Fängen des Adlers, weinerlich strampelnd und vor Angst Wasser lassend, kann sie aufhalten. Bis sie am Ziel ihrer Expedition angelangt sind, an jenem Punkt, auf den dort im östlichen Hauptgeschoß alles hinausläuft. Und da erscheint sie, die liebliche Jungfrau, strahlend in ihrer schlichten Glorie, leichten Fußes auf Quellwolken einherschreitend, in den Armen das zornige Kind.

Andächtig steht die Klasse vor Raffaels *Sixtinischer Madonna.* Die Lehrerin murmelt etwas von Renaissance, absolutem Meisterwerk und vom Höhepunkt italienischer Tafelbildmalerei. Weil aber das Fach Kunsterziehung hieß und das Land, in dem die Szene sich abspielte, sich als Arbeiter- und Bauern-Staat verstand, mündet ihre Schwärmerei alsbald in eiserne Pädagogik. Nun ist die Rede von feudaler Herrschaft, Malerei im Auftrag der Kirche, dieser furchtbaren Krake, Religion als Opium des Volkes. Folgt die Erwähnung der Sowjetunion, des selbstlosen Brudervolkes, das die Madonna neben vielen anderen Kunstschätzen am Ende des Krieges gesichert und restauriert, sprich für Jahre beiseitegeschafft hatte. Die Rote Armee unterhielt bekanntlich eine eigene Trophäenbrigade, auch wenn sich das damals anders anhörte. Ich weiß noch, wie ich nichts dabei fand, mir die sanfte Jungfrau als russische Kriegsgefangene vorzustellen. In gewisser Weise erhöhte das sogar ihren Reiz, es machte sie anziehender wie im Märchen die Prinzessin, wenn sie das Abenteuer in der Höhle des Drachen bestand. Die zwei, drei echten Christen unter uns senken indessen die Augen, wer kann, stellt die Ohren auf Durchzug. Mancher blickt verstohlen zur Leinwand hinauf, irritiert von soviel Geschichtsunterricht anläßlich eines bloßen Gemäldes. Der Rest der Klasse langweilt sich und versucht die Wartezeit mit

Spielchen zu überbrücken. Was keiner weiß: daß diese Brüstung ein Sargdeckel ist und das Gemälde ein Trauerbild für einen verstorbenen Papst. Dabei liegt über allem ein eigenartiger Zauber, der die halbwüchsigen Banausen (so struppig und ungekämmt wie die auf dem Bild) zum Flüstern zwingt, zu gedämpftem Gekicher.

Was sie, bei aller Gottlosigkeit, doch in Schach hielt, war weniger Pietät. Es war der Effekt mehrfacher Spiegelung von den umliegenden Leinwänden her, und daß sie allesamt hier zur Ruhe kamen. Denn soviel war klar: in diesem einen hatten sich all die anderen Bilder zusammengetan und auf ihr Eigentliches konzentriert. Rein oberflächlich erschien uns glotzäugigen Betrachtern, was wir da sahen, als Summe aus all den Figurengruppen ringsum. Womit wir nicht einmal falsch lagen, denn schließlich war es der Kern der Geschichte, um die es auf allen übrigen Bildern ging, auch wenn unser Häuflein zumeist Ungläubiger davon keine Ahnung hatte. Es lag auch nicht am Format, dazu gab es zuviele Rubens' und Tintorettos gleich nebenan, auch nicht am altarmäßigen Aufbau des Prachtgemäldes, der wie von selbst die Atmosphäre des fehlenden Kirchenraums schuf. Denn was Räume betraf, waren wir Dresdner Eingeborenen, trotz aller Abstriche am einstigen Canaletto-Prospekt, noch immer ziemlich verwöhnt.

Woher aber dann das Gespür für die Übermacht dieses einen Bildes? Man könnte sagen, es hatte mit der ihm angedichteten Autorität zu tun und mit der Autoritätshörigkeit von uns Jungen. Die räumliche Position, seine unterschwellige Inszenierung wiesen klar darauf hin, daß hier die heimliche Mitte lag, das Allerheiligste dieser Stadt. Und außerdem gab es die vielen Legenden, die sich darum gesponnen hatten, und die vielfältigen Reproduktionen, die schon damals etwas Aufdringliches hatten und heute, im Zeichen des Tourismus und der Produktwerbung, allgegenwärtig sind. Ich meine, unser diffuses Ergriffensein hatte zuallererst mit uns selber zu tun. Wenn man bedenkt, wie jungfräulich wir damals waren. Noch hatte die Welt, die allzu irdische, und der Normalbetrieb Leben von uns nicht Besitz ergriffen. Noch war das kindliche Gehirn nicht doppelt und dreifach belichtet, wie das jedes durchschnittlichen Erwachsenen, um- und umgepflügt von Fernsehen, Film und den Bildern der Tagespresse. Nur so erklärt sich, warum wir die Frau da oben nicht mit einer attraktiven Schauspielerin verwechselten, Gina Lollobrigida oder Sophia Loren, flimmernd im Weichzeichnerlicht, warum sie uns, trotz ihres Alters von fünfhundert Jahren, in ihrer ganzen Frische und überirdischen Schönheit erschien.

Und doch war nicht sie es, die den Dresdner Jungen damals beschäftigte. Es wäre übertrieben zu behaupten, Raffaels große Schwebende hätte ihn bis in die Träume verfolgt. Wirklich irritiert hat ihn eine andere Dame, die ihre Nachbarin war, Giorgiones *Schlummernde Venus*. Es mag an der allgemeinen Prüderie gelegen haben eines Landes, das weder Peepshows noch Herrenmagazine kannte und für das Pornographie ein Schimpfwort war zur Beschreibung der anderen Seite, jener schaurigen, kapitalistischen Welt. Aber eine schlafende Nackte, noch dazu in so monumentaler Größe, das war schon etwas. Die geschlossenen Augen dieser Venus regten die Phantasie jedenfalls mehr an als die weit geöffneten der Maria. Gegen ihre Verschwiegenheit, gegen dies unergründliche Gesicht einer Träumenden, den makellosen, aprikosenfarbenen, dem Betrachterblick absichtslos dargebotenen Körper hatte das barfüßige Landmädchen auf seinem hohen Wolkensockel keine Chance. Es war derselbe Kopf einer Italienerin, der gleiche strenge Mittelscheitel, und doch trennten Welten die beiden, wie man an ihrem Gesichtsausdruck sah. Tief bekümmert die eine, am Betrachter vorbeischauend in einen Abgrund von Elend, die andere mehr als entspannt, mit einer Miene, die so unnahbar aristokratisch war, daß kein Voyeur hier, ob groß oder klein, auf dumme Gedanken gekommen wäre. Da lag sie, vor einer Landschaft, die wie ein grüner Schamhügel anstieg, hingebreitet, die Entrückte, unter dem Firnis Verschlossene, in einem Schwebezustand von Traum und Erwartung. Und der Fluß ihrer Glieder hatte natürlich mit jenem anderen Fluß da draußen hinter den Museumsmauern zu tun, doch davon wußte ich damals noch nichts.

Viel später erst dämmerte mir, worin ihre Affinität zu dem Ort lag, an den es sie, dank der Sammelleidenschaft eines Königs, verschlagen hatte. Affinität ist ein anzügliches Wort; in diesem Fall meint es die Anziehungskraft, die gewisse Dinge und Menschen, auch Kulturen, aufeinander ausüben, aufgrund ihrer Wesensverwandtschaft. August der Starke, dieser Frauenverehrer und Barockkavalier, hatte, befeuert von seinem Venedig-Erlebnis, die unbedingte Idee, in seinem sächsischen Herrschaftsbereich italienische Verhältnisse zu schaffen. Darum die ausschweifende Bildersucht, dieser ganze amouröse Luxus bei Hofe, für den eine Venus aus der Werkstatt des rätselhaftesten Venezianers das passende Sinnbild war. Und weil Gleiches sich anzieht, kam die Schlummernde schließlich nirgends so gut zur Geltung wie hier im Dresdner Tal, in Rufweite der Elbe und ihrer Hänge. Ihre Erscheinung fügte sich harmonisch in das Bild einer alten Flußlandschaft, die selber von ihren weiblichen Kurven und Hügelkonturen lebte. Erst heute begreife ich sie, und mit ihr den Frieden, der über die Landschaft gekommen war in ihrer sinnlichen Gegenwart.

Madonna und Venus, was für ein ungleiches Paar. Kann sein, mein Gedächtnis trügt (assistiert vom Unbewußten), aber ich hätte schwören können, damals hingen sie noch im selben Saal. In meiner Erinnerung schaut die eine im Hochformat auf die andere herab, die ihr als Querformat nichtsahnend zu Füßen liegt. Wahr ist, daß sie sich nie eines Blickes gewürdigt haben, und wahr ist auch: sie hätten sich nicht viel zu sagen gehabt. Dabei sind sie, fast aufs Datum genau, zur selben Zeit entstanden, am Beginn des sechzehnten Jahrhunderts; in Venedig die eine, im Atelier des Exzentrikers Giorgione, eines riskanten Alchemisten der Leinwand, die andere in Rom, unterm Pinsel des begnadeten Raffael, der schon früh ein erfolgreicher Auftragsmaler war. Jede von ihnen ist das Werk eines Dreißigjährigen, mit manchen Ähnlichkeiten in der Manier, das Resultat äußerster malerischer Raffinesse. Man hat von Giorgiones weichem Stil gesprochen, der als lyrisch galt, von Raffaels belebendem Kolorit; und das berühmte *sfumato* beider hat ganze Generationen von Malern in helle Aufregung versetzt. Phänomenal ist die traumwandlerische Sicherheit, mit der sie ihre Visionen auf die Leinwand übertrugen. Auf der Suche nach Anmut, die so schwer faßbar ist, hatten sie sich bis an die Ränder des Immateriellen vorgearbeitet, waren unter die Oberflächen gedrungen. Flimmernde Körpergrenzen, dunstiger Umriß: beide beherrschten sie, jeder auf seine Weise, perfekt das Instrumentarium malerischen Minnesangs. Die Anbetung des Weiblichen in Gestalt der Donna, der hohen und höchsten Dame, war der Mittelpunkt ihrer besten Werke.

Wie Tag und Nacht verhielten in dieser Venus, dieser Madonna die Bilder der Weiblichkeit und ihrer Attribute sich zueinander. Raffaels keusche Maria war eine Erzählung aus Schleiern und Vorhangfalten, Wolken und frommen Symbolen; das einzige, was sie dem interessierten

Betrachter enthüllte, war ein Stück Religionsgeschichte. Es geschah nach dem Konzil von Trient, im Zuge der Gegenreformation, daß im gesamten päpstlichen Einflußbereich der Muttergotteskult wieder verstärkt gepflegt wurde. Raffaels Schöne war ein Stück Kirchenpropaganda, Verführung zum Dogma mit den Mitteln der Sinnestäuschung. Entstanden im Auftrag von Papst Julius II., gemalt für die Klosterkirche San Sisto in Piacenza, sollte sie, nach dem Willen des Künstlers, wie eine Erscheinung über den Betrachter kommen, als natürliches Geschöpf zwar, aber doch überirdisch entrückt.

Dagegen war Giorgiones Venus (mit der artigen Hand auf der Scham) ganz einfach ein verführerischer Frauenakt. Ihr Inkarnat, dieses so irdische, matt strahlend wie in der Dunkelheit eine Wärmequelle, diente nur einem Zweck: der Anbetung des Fleisches. Es heißt, sie sei als Hochzeitsbild in Auftrag gegeben worden, von einem reichen Venezianer, ihre Bestimmung war demnach eindeutig die eines Fruchtbarkeitszaubers und Aphrodisiakums. Darauf deutete schon der kleine Cupido, der ursprünglich dazugehörte und später einem Retuscheur zum Opfer fiel. (Gott sei Dank blieb wenigstens sie dabei unversehrt.) In einer großartigen Konzentration auf das Wesentliche erinnerte sie an alle schlafenden Nymphen Griechenlands gleichzeitig. Ihre Nacktheit war so direkt und konkret, daß auch der stumpfsinnigste Laie die Absicht verstand. Giorgione hatte, als einer der ersten, kurzen Prozeß gemacht mit jeder christlichen Heimlichtuerei. Es war seine Bildidee gewesen: liegender Akt in arkadischer Landschaft, und es war ein gefährliches Sujet. Mit ihm zog ein Hauch von Neuheidentum durch die europäische Kunst. Noch heute spürt man die befreiende Wirkung, die von dieser Venus ausgeht, das Ultramoderne in der Wiederkehr heidnischer Mythologie. Er hatte sie alle herbeigerufen mit seiner kühnen Tat, Velázquez'

Venus mit dem Spiegel und Goyas *Nackte Maja* oder die *Olympia* Manets usw. Sein Enthüllungsakt hatte sie alle ermuntert zu ihren nudistischen Vexierspielen, die Rubens und Ingres bis zum letzten photographierenden Surrealisten.

Weshalb diese Eloge, und was hat das alles mit Dresden zu tun? Wenn ich heute die Augen schließe und an die Schätze der Heimatstadt denke (aus der ich vor zwanzig Jahren aufgebrochen bin), sehe ich ziemlich bald eine der beiden Frauen. Und da sich Nacktheit einfach tiefer einprägt, ist es immer zuerst die Venus. Das geht so weit, daß bei der Erwähnung des gleichnamigen Himmelsgestirns nicht irgendeine abstrakte Planetenoberfläche vor mir auftaucht (rotglühende Aschenmeere, mondgesteinähnliche Geröllhalden), sondern in aller Unschuld sie, das Meisterstück des Giorgione. Vor einigen Jahren war das spektakulärste Himmelsereignis ein sogenannter Venus-Transit am hellichten Tag, besonders gut sichtbar in der nördlichen Erdhemisphäre, und beim Anblick des schwarzen Stecknadelköpfchens, das vor der Sonne vorbeizog, fiel mir sogleich wieder sie ein, die verflossene Schöne aus Jugendtagen. Da erst begriff ich, wie allgegenwärtig sie war. In einem Koordinatensystem, das mittlerweile die Planetenbahnen im All genauso umfaßt wie die Spielplätze der Kindheit in jener traurig-berühmten Stadt an der Elbe (oder was von ihr übrigblieb), ist sie einer der heißesten Erinnerungspunkte.

Froh bin ich, daß ihr erspart blieb, was man im Falle der anderen nur noch als sächsische Raffael-Idolatrie (oder -Ideologie) bezeichnen kann. Die Literatur über sie hält sich vergleichsweise in Grenzen. Ein wenig gleicht ihr Ruf dem ihres frühverstorbenen, enigmatischen Schöpfers. Vasari überliefert uns außer seinem ausgeprägten Geschmackssinn, seiner Musikalität (Giorgione sang gern und spielte die Laute) auch eine gewisse Leichtlebigkeit, einen Hang zu Liebesabenteuern, von denen eines dann tödlich endete. Er steckte sich, während einer schlimmen Pestepidemie in Venedig bei seiner Geliebten an, von der er nicht lassen konnte.

Anders ausgedrückt: der Meister der Dresdner Venus war ein hoffnungsloser Erotomane und Troubadour, der es vorzog, lieber in Schönheit zu sterben, als vor Enthaltsamkeit zu versauern. All das sind aber auch Eigenschaften, die zum historischen Bild der Barockresidenz passen, zu den Legenden, die man sich hier von ihrem kraftstrotzenden Musenfürsten erzählt. Auch wenn der Umkehrschluß vom Werk auf den Künstler nur eine der beliebteren Illusionen ist (in Raffaels Biographie fallen allzu oft Worte wie Tugend und Demut), so sind die Signale im Falle Giorgiones eindeutig. Daß sie in Dresden empfangen wurden, spricht für eine Hofhaltung, die von Versailles inspiriert war, mit allem Mätressenwesen, allem Boudoirzauber, der damals dazugehörte. Es sagt mehr aus, als viele der Anekdoten von Maskenbällen und versteckten Tapetentüren, wenn man hört, daß ihr Ankauf in die Regierungszeit Augusts des Starken fiel.

Ein halbes Jahrhundert später erst folgt ihr das sittenstrengere Andachtsbild, und dies auf Betreiben des Sohnes, König Augusts III., der sicher der gewissenhaftere Sammler war, schon darum, weil er auf Vollständigkeit setzte.

Keine Frage: beim großen Publikum hat die *Sixtinische Madonna* das Rennen gemacht. Sie ist es, die einem heute in der Blickachse der Hauptsäle entgegenkommt wie das sprichwörtliche Licht am Ende des Tunnels. Ihre Prominenz und die subtile Unterordnung aller anderen Bilder unter dies eine machen die Dresdner Gemäldegalerie zu einem Tabernakel. Für den Ausstellungsbetrieb gilt sie als dankbares Phänomen, übertroffen in ihrem Sonderstatus nur noch von einer gewissen *Mona Lisa* im Pariser Louvre. Phänomenen aber kommt man am besten mit Statistik bei. Ich nehme an, die Besucherzahlen haben das meiste mit ihr zu tun, der Vielversprechenden, Vielreproduzierten. Es sind Markenartikel wie diese, die im Betrachter wohlige Déjà-vu-Schauer hervorrufen, den prickelnden Kurzschluß vom Fremdenverkehrsplakat zur erhabensten Urlaubsimpression, und die dafür sorgen, daß sich Tourismus auf Tautologie reimt.

Vor kurzem habe ich beide noch einmal besucht. Und siehe da, die *Sixtinische Madonna* hatte stark an Glanz eingebüßt. Als ich es das letzte Mal sah (an einem regnerischen Dezembertag mit Schneematsch in den Straßen), war ich erstaunt, wie stumpf und ausgetrocknet die Farben wirkten, mehr als sonst üblich nachgedunkelt. Oder waren nur meine Augen schlechter geworden? Die arme Madonna unter ihren schweren Firnisschichten sah aus, als habe sie längere Zeit in einem Rauchfang gehangen, neben anderen Schinken. Sie war im Gesicht ganz grau geworden vor Kummer. Mag sein, daß sie einfach herausgefallen war aus dem Goldrahmen der frühen Jugendtage. Ich hatte sie anders in Erinnerung. Mehr denn je war ihr brauner Schleier, gebauscht in Form einer Muschel, ein Trauerschleier. Die schemenhaften Engelsköpfchen im Hintergrund sahen aus wie die Totenschädel, aufgestapelt im Beinhaus. Der Samtvorhang in verwaschenem Grün, der schmutzigweiße Trockeneisnebel, auf dem sie dahinschritt: all das war bedrückend. »Eine liebende Mutter mit ihrem Ersten, Einzigen« (so Goethe) – von wegen. In ihren Armen der Kleine wirkte verstört, als habe sie ihn eben aus dem Schlaf gerissen. Vielleicht lag es an der Beleuchtung, die alles in eine trübe Gruftatmosphäre tauchte. Dieser Madonna konnte keine Schwärmerei mehr etwas anhaben, kein verbaler Säureanschlag wie der des unverschämten Léon Bloy (»Turnerin im Bademantel«); und erst recht keine Museumsshop-Industrie mit ihren albernen Sixtina-Souvenirs. Sie hatte es hinter sich, den Ruhm, die Verklärung und die Jahrhunderte. Und fast wär mir das Lied vom Tod der Kunst in den Sinn gekommen, wären da nicht ihre Füße gewesen, und diese wohlgestalteten Knöchel. Sie brachten mich wieder auf andere Gedanken, hinüber zu ihr, die bereits auf mich wartete. Kaum stand ich vor Giorgiones *Venus*, wußte ich es; und alle Trübsal war wie fortgeblasen. Vor ihr, der friedlich Schlummernden in der lässigen Pose (*Venus pudica*: frisch der Austernschale entstiegen), gab es keinen Grund mehr, vom Altern der Bilder auf das eigene Altern zu schließen oder umgekehrt. Wie erhaben ihr Schlaf, kein Liderzucken verriet etwas von dem Schreckensruf, der ihm vorausgegangen war: »Pan ist tot! Pan ist tot!« Das Bild einer Schlafenden lenkt die Aufmerksamkeit immer auf etwas Verborgenes, es zieht den Blick von der Bildoberfläche in seine Tiefen. Man will wissen, was hinter der Stirn vorgeht dieses schlafenden Menschen, erst recht wenn er nackt ist und eine Frau. Und schon ist man woanders und hat die Zeit vergessen. Solches geschieht hin und wieder in Dresden.

Heinz Czechowski

Atelier

Mittagsschlaf.
Die schwarzen Visionen.
Fragen, die keine
Antwort mehr brauchen.

Der Blick
Über die Stadt:
Die Berge neben dem Fluß,
Raudas Studentenwohnheim –
Versuch
Eines Anfangs,
Der ihn der Stadt
Endgültig verwies.

Welche Sprache wofür?
Und welches Gedächtnis
Wird aus dem Gedächtnis
Getilgt?

Eine Ästhetik
Der kostbaren Wörter,
Ein Schlagwortverzeichnis
Der Grafikersprache:
Die Zeichen
Auf dem Papier
Sprechen für sich.

Ein Kubus,
Der einen Denkmalssockel verhüllt,
Der Goldene Reiter,

Der über Leichen geht,
Die im Schlamm der Zeit
Versinkenden Nymphen.

Das Vergängliche
Ist hier kein Gleichnis:
Nur von sich selbst
Zeugt die planierte Natur,
Jedes neue Gedicht
Widerlegt das vergangene,
Jeder der Überlebenden
Trägt eine Chronik in sich,
Die niemand mehr aufschreibt.

Nachtigallen
Steigern sich bis zum Infarkt.
Solcher Gesang
Ist uns nicht gegeben:
Das angepaßte Leben
Kommt aus
Mit ein paar Vokabeln,
Automarken z. B.

Es schweigt das Finale,
Wenn sich die Nacht
In die leergeschossene
Innenstadt wagt.

Umstellt
Von ihrer Vergangenheit
Spricht die Stadt
Von ihrem Ruhm.
Und an der Kronenstirn das Mal der Schreie.

Im Tod der Stadt
War Auferstehung nicht beschlossen.
Ausgelagert
Sind die Madonnen,
Der Zinsgroschen
Dem Landesfürsten geschuldet,
Auf einer Halde
Der goldene Schrott
Vom Grünen Gewölbe.

Unter dem Strich
Eine Leerzeile.

Karl Mickel

Frauenkirche

Clausen Dahl hat gemalt: Zwei Pfeiler, die Backen der schwarzen
Zange, in die das Gewölb geraten war zu seinem Schad
Unter dem schwindenden Mond. Lautlos und vierfüßig, abwärts
Auch die Arme voran, lief auf den Brocken die Frau
Zierlich und fest war die Form, die Größe war aber unschätzbar:
Maßstab fehlte, es war maßlos unschätzbar der Bruch.
Sicher und rasch durchs Geklüft kletterte sie; in den Wänden
Tasteten Finger und Zehn, jeweils frisch fühlend, den Griff
Den sie kannten, doch prüften; dreie der Extremitäten
Fest am Fels, wandfern Augen und Rumpf.
Lang und schwarz war das Haar, das Rückgrat hinunter gewachsen
Fiel es nie ins Gesicht, auch nicht im jähesten Sprung.
Offen gestreckt in der Luft die Kniee, und flink bei der Landung
Setzten die Handflächen auf, hintereinander, danach
Fuß und Fuß parallel, die Schienbeine unter dem Nabel
Lotrecht; sie federte, äugte, plante den Absprung; sie mied
Sorgsam die Vegetation, um Massen und Nasen entschwand sie
Hie und da, dann und wann, gänzlich, oder zum Teil.

Frauen von hinten sehn aus wie Pferde von oben. Ich hatte
Immer geahnt: das ist die Frauenkirche. Nun schob
Links sich ein Schenkel, legte ein Unterarm rechts sich
Auf die Materie drauf, träge, mit haltender Kraft.
Was denn! Ermüdet sie schon? oder bedarf sie der größern
Auflagefläche, weil sacht unter ihr nachgibt der Stoff?
Länger werden die Brüste, sie streifen die Quader und ritzen
Pendelnd Muster; es wächst also die Gravitation.
War das ein Riß da, die Rinne? sie klaffte, wo jetzo der schroffe
Schlund pulst, flimmert, in Berges Flanke. Die Frau
Gab in die Wunde den Kopf; die Wundränder fassen und malmen
Schulterblätter; sie ist füglich die Hinterhand kurz
Stark zu verwringen genötigt; ein Knöchel hakt, und der Sohle
Muskelspiel denunziert lange den Eifer des Leibs
Der nun noch peinlich den Rest an sich zu bringen bestrebt ist.
Nicht mineralisch ist mehr, siehe: er weset, der Klump.

Christian Lehnert

Zwinger

Das abgegriffne Mauerwerk ist kalt
wie ein Gehirn, von Menschen abgewandt.
Wir schauen aufgeregt durch einen Spalt
auf nackte Nymphen: Haut in Fels gebannt,

ergraut im Frost, die Brauen abgeplatzt.
Die Schritte hallen wider in dem Bauer,
wie eine Nadel auf der Platte kratzt,
zurückspringt, weiterkratzt ... Was hätte Dauer?

Ein schwereloser Kopf? Das Karussell
des Landes dreht sich, du steigst aus und ein
am selben Fleck – ein helles Echo, schnell
vergessen, plappern Lippen im Gestein.

Das Kronentor steht golden vor dem Nichts.
Ein Fisch starrt aus dem Eis, bis es sich löst.
Nur Atlas wehrt sich, brüchig, des Gewichts
der Kugel, die er endlos von sich stößt.

Durs Grünbein

Tschaikowski-Allee

Für Markus Lüpertz

Dresden im schlafkranken Tal,
Ein Mauerblümchen zu Sowjetzeiten:
Da bin ich geboren, da komm ich her.
Frag nicht, es gab nie die Wahl –
Gehen und Bleiben, in diesen Breiten.
Darum klingt manches so schwer.

Tänzeln? – Wie das, wo der Fuß
Früh schon in Mammutspuren versank?
Sirenengesang war das Wiegenlied
Aus Grimmschen Märchen, Kiewer Russ
Und *Völker, hört die Signale.* Schwankend,
Keiner entkam dem Tiefdruckgebiet.

Elbe, der Strom hielt ihn fest,
Den Romantiker in der Straßenbahn.
In Schneewehen schlafend, mancher erfror.
Mancher fiel, flügellahm, aus dem Nest.
Doch nie mehr sah ich Tschaikowskis Schwan
So vollendet zittern wie dort.

Roman Israel

DD

da, wo du heut in der Platte
deinen türkischen Kaffee
trinkst,
den Rathausturmmann bestaunst
und auf deine Arbeitslosigkeit
pfeifst

hat es vor 100 Jahren ein Café
gegeben
und davor hat einer seine
Pfeife geraucht
und auch den Rathausturmmann
bestaunt
und auf etwas ganz anderes
gepfiffen

du trauerst
dem Dresden nach
wie er es kannte

er trauert
dem Dresden nach
wie andere es kannten

Marcel Beyer

Das Hausbuch

Ich lebe erst wenige Monate in Dresden, als ich Bekanntschaft mit dem Hausbuch mache. Das heißt genauer: mit der Lücke, die das Hausbuch nach seiner Abschaffung hinterlassen hat. Seit bald sechs Jahren gibt es die DDR nicht mehr, ich komme aus dem Westen, im Sommer 1996 bin ich noch immer ordentlich in Köln gemeldet und strenggenommen nur zu Gast in der Wohnung, die meine Freundin angemietet hat.

Wir sind die ersten neuen Mieter nach 1990, die anderen wohnen zum Teil seit Ende der zwanziger Jahre hier, den letzten Einzug gab es in den achtziger Jahren. Im Treppenhaus hängt eine Haustafel, auf der die Namen der Bewohner verzeichnet sind, die frühesten Einträge in geschwungener Tintenschrift, dann Kugelschreiber, später Druckbuchstaben mit dem Fasermaler.

Ich habe nie vorher eine Haustafel gesehen, doch kann es sich hier nicht um eine DDR-Erfindung handeln: Eindeutig eine Arbeit aus dem Jugendstil, mit schlichter Blumenschnitzerei, demnach wird sie gleich nach Erbauung des Hauses angebracht worden sein, 1911. Und nicht erst seit dem Ende der DDR hat man es mit der Haustafel nicht mehr ganz so genau genommen: In einem Feld steht immer noch der Name eines Bewohners, der vor rund zehn Jahren gestorben ist. Auch wir verzichten darauf, unsere Vormieter von der Haustafel verschwinden zu lassen, wir ersetzen bloß das Klingelschild.

Von der Einrichtung eines Hausbuchs weiß ich nichts. Und in der Folgezeit werde ich nur auf Umwegen, aufgrund von Aussparungen erfahren, was ein Hausbuch ist.

Im Herbst erhalte ich Briefe in typischen Amtskuverts, auf denen zwar mein Name, nicht aber die Dresdner Adresse richtig angegeben ist. Absender ist das Einwohnermeldeamt in Köln, und gleich der erste Satz verwirrt mich, die Formulierung lautet ungefähr: »Wie ich erfahren habe, halten Sie sich nicht mehr in Köln auf.« Weiter komme ich nicht, die Aufforderung zur Ummeldung, die Androhung von Strafe lese ich nur flüchtig, ich bleibe am ersten Satz hängen.

Hier werde ich von einer Einzelperson angesprochen, deren Unterschrift ich nicht entziffern kann, hier hat ein Mensch, den ich nicht kenne, etwas über mich erfahren, und nun teilt er mir dieses Wissen mit, ohne jedoch weiter darauf einzugehen, auf welchem Wege er erfahren haben will, daß ich aus Köln verschwunden bin.

Den Meldeunterlagen hat er seine Information nicht entnommen: Weder habe ich mich in Köln abgemeldet noch überhaupt meine dortige Wohnung aufgegeben. Köln ist mein erster Wohnsitz, in Dresden bin ich immer noch nur zu Besuch. Hat dieser Mitarbeiter etwa meine Tage in Dresden gegen die in Köln verbrachten aufgerechnet? Hat er sie vor Ort zählen lassen? Und woher rekrutiert er dann seine Informanten, denen er größeres Vertrauen entgegenbringt als seinen eigenen offiziellen Unterlagen?

Die Briefe kommen in den Kachelofen, ich werde mich darauf nicht melden, das steht fest. Meine Verwirrung aber legt sich nicht so schnell, es kommt mir vor, als wäre ich in eine Lücke zwischen den Ländern und den Zeiten geraten, da ich das Gefühl habe, meine erste DDR-Erfahrung zu machen – ausgelöst durch einen Brief aus dem Westen, und lange nach dem Ende der DDR.

Wenig später höre ich, noch ohne eine Verbindung zu meiner Meldeerfahrung zu ziehen, das erste Mal vom Hausbuch: Kein Gästebuch, in dem man sich mit Dank und Spruch für einen schönen Abend verewigt, kein Haushaltsbuch, in dem penibel über die Verwendung des Haushaltsgeldes Rechenschaft abgelegt wird, sondern eine Kladde, in der die Besucher eines Hauses vermerkt werden.

Ich habe nie ein Hausbuch gesehen, aber ich stelle mir vor, daß seine Seiten ähnlich aussehen wie jene eigentümlichen Meldeformulare, die ich bei Übernachtungen in einem Hotel auszufüllen habe – wobei das Hausbuch allerdings wahrscheinlich auf die Angabe der Paßnummer verzichtet.

Soweit ich weiß, verlangte das Meldegesetz der DDR von jedem Reisenden, der in einer anderen Stadt privat übernachtete, sich in das vom Hauswart verwahrte Hausbuch einzutragen. Ich kenne niemanden, der solchen Forderungen je nachgekommen wäre, darum weiß ich auch nicht genau, ob sich beim Eintrag ins Hausbuch die polizeiliche Meldung erübrigte, ob also der Hauswart den Kontakt zur Meldestelle hielt, oder ob diese Meldung erst nach drei Tagen an einem fremden Ort vorgeschrieben war.

Ohnehin habe ich, der ich nie in der DDR gewesen bin, unter einem Hausbuch immer etwas ganz anderes verstanden. Ein Hausbuch ist für mich nicht die Geschichte eines Hauses und seiner Besucher in Listenform gewesen, die ständig auf den neuesten Stand gebracht wird, sondern eine Sammlung von Geschichten, Gedichten und Bildern aus dem 19. Jahrhundert, ein Hausschatz zur Unterhaltung im Familienkreis am Sonntagnachmittag.

Hausbuch und Hausbuch: zwei grundlegend verschiedene Dinge also. Bildlos und wortkarg das eine, sachlich, auf vollständige Sätze verzichtend, nach dem Gesichtspunkt der Chronologie geordnet, auf Vollständigkeit bedacht, ohne Ansehen der verzeichneten Person, mit offenem Ende. Das andere mit Stichen illustriert, voller Ausschmückungen, auf Spannung ausgerichtet, mitunter weitschweifig vielleicht. Geschichten in der Nachfolge des Märchens, von Überraschungen und Zufällen geprägt, doch stets auf ein Ende hinauslaufend, nach Möglichkeit ein gutes.

So unterschiedlich Zweck und Anlage erscheinen – gewisse Übereinstimmungen zwischen dem Hausschatz und dem Besucherbuch zeigen sich doch. Beide sind auf ihre Art Gegenstück zum Vademecum: Kein Ratgeber, der mich von Ort zu Ort begleitet und mir auf meiner Reise Neues zu erschließen hilft, sondern jeweils ein Buch, das seinen festen Ort hat, die vier Wände der Stube nicht verläßt und schon gar nicht auf Reisen geht.

Inhaltlich hingegen spielt das Reisen eine wesentliche Rolle, sei es, daß schlicht die Gäste aus der Fremde aufgelistet werden, sei es, daß erzählt wird, wie jemand in die Fremde zieht, um sich nach überstandenen Abenteuern wieder in seiner vertrauten, sicheren Umgebung einzufinden. Beide Hausbücher scheinen Kompendien derjenigen zu sein, die Ortsveränderungen grundsätzlich skeptisch gegenüberstehen: Wer zu Hause bleibt, muß sich weder unabsehbaren Gefahren stellen noch dem vermutlich überall gleichen Hauswart, der die Reisenden unter die Lupe nimmt.

Als ich nach Dresden komme, gibt es kein Hausbuch mehr, in das ich mich eintragen könnte, und auch die Stelle des Hauswarts ist nicht mehr besetzt, obwohl die Haustafel an der Treppe noch immer einen Nachbarn für zuständig erklärt. Ich vermisse nichts, genauso wenig, wie ich jene Hausbücher vermisse, die man aufschlägt, um etwas über das Leben zu erfahren. Literatur als Lebenshilfe interessiert mich nicht.

So trifft es mich völlig unerwartet, als ich einmal beim Lesen eines Gedichts tatsächlich etwas über das Leben lerne: Ich stehe am Fenster und blättere in Peter Huchels *Gezählte Tage*, bei dem Gedicht *Hubertusweg* bleibe ich hängen, und mit der dritten Strophe wird mir alles klar: »Dort unten steht, / armselig wie abgestandener Tabakrauch, / mein Nachbar, mein Schatten / auf der Spur meiner Füße, verlass ich das Haus. / Mißmutig gähnend / im stäubenden Regen der kahlen Bäume / bastelt er heute am rostigen Maschendraht. / Was fällt für ihn ab, schreibt er die Fahndung / ins blaue Oktavheft, die Autonummern meiner Freunde«.

Ich schaue auf die Straße hinaus, dort steht mein Auto in der Reihe der geparkten Wagen, nicht weiter auffällig, und doch sticht auf einmal mein Kölner Nummernschild heraus, das einzige Westkennzeichen unter lauter Dresdnern. Ich bin ein Zugereister, bin nur Gast, solange ich weder mich noch mein Auto umgemeldet habe. »Wie ich erfahren habe, halten Sie sich nicht mehr in Köln auf«: Der Tip muß aus der Nachbarschaft gekommen sein.

Ich sehe den ehemaligen Hauswart über dem alten Hausbuch sitzen, er blättert in der Besuchergeschichte der vergangenen Jahrzehnte, erinnert sich an Namen und Gesichter, hängt den Familienverhältnissen längst verschwundener Bewohner nach, ihren Bekanntschaften, er liest zwischen den Zeilen, wo Ledige bei Ledigen übernachtet haben, weiß noch genau, wo Einträge ins Hausbuch unterblieben sind.

Langsam nähert er sich den leer gebliebenen Seiten, seit bald sechs Jahren ist kein Besuch im Haus vermerkt, niemand schert sich heute noch um das Hausbuch. Ohnehin gibt es hier kaum Besuch zur Übernachtung, ziehen die Mieter einer nach dem anderen aus, die meisten gehen in den Westen, die ersten alten Hausbewohner sterben. Und die Neuen in der Nebenwohnung, die jungen Leute aus dem Westen, wissen von einem Hausbuch schon gar nichts mehr.

Seit einiger Zeit steht häufiger ein unbekannter Wagen auf der Straße, das Kennzeichen hat der alte Hauswart sofort bemerkt, darin ist er geübt, er hat es gleich behalten, muß es sich gar nicht erst notieren. Doch wem soll er den auffälligen Fund nun melden, da es die alten Stellen nicht mehr gibt, an die er sich früher hat wenden können?

Er greift zum Telefonhörer, läßt sich von der Auskunft die Nummer des Einwohnermeldeamtes in Köln geben, und wenig später hat er einen freundlichen offiziellen Mitarbeiter an der Strippe. Der notiert sich aufmerksam einen Namen und die Adresse, versteht vielleicht nicht ganz, was der Anrufer mit dem fehlenden Eintrag im Hausbuch meint, verspricht aber, gleich etwas in dieser Sache zu unternehmen, und dankt dem Bürger aus Dresden für seine Wachsamkeit.

Barbara Köhler

Dresden der klassische Blick

Dresden der klassische Blick auf die Altstadt es fehlt nur ein Turm die Schornsteine sind hinzugekommen Hier hat die Vergangenheit eine Gegenwart sag ich sie schiebt sich unter die Füße daß man ihr nicht entgehen kann Wir laufen tagaus die Elbe entlang Siehst du die Scherben sag ich ein geborstener Himmel unwirklichen Blaus das berühmte Meißner Zwiebelmuster Wege aus zermahlenen Trümmern aufgeschüttet Der Engel auf der Kuppel der Akademie das Jüngste Gericht über der Stadt Mein Engel sagst du nimmst mich in deinen Mantel ein Film läuft rückwärts die Flammen fallen zusammen wir gehen durch die Zeiten hinter der Flußbiegung baut man das Blaue Wunder ab oder auf oder streicht es nur neu Der Himmel der Strom sind kein Ausweg mehr Verseuchte Metaphern die unsre Sehnsüchte zurechtweisen das Wunder ist grau

Ingo Schulze

Nachtgedanken

Wo stand das »Schwarze Tor« und wo das »Seetor«, wo befanden sich die »Pirnaer Vorstadt« oder das »Linkische Bad«? *Der goldene Topf* von E. T. A. Hoffmann war zu Hause bevorzugter Vorlesestoff, schließlich spielte das »Märchen aus der neuen Zeit« in Dresden. Doch die Wege des Studenten Anselmus oder jene von Fräulein Veronika Paulmann nachzuvollziehen, gelang nicht, die Namen sagten mir nichts. Bei den Nachforschungen stellte sich jedoch heraus, daß sich an den beschriebenen Orten entweder nur noch eine freie Fläche befand oder etwas anderes. Deshalb versetzte die kindliche Vorstellungskraft die Figuren in ein imaginäres Dresden, an jenen sagenhaften Phantasieort, den es seit dem 13. Februar 1945 nicht mehr gab. Obwohl ich es hätte besser wissen können, war ich der Überzeugung, erst in der Bombennacht sei jenes Dresden verschwunden, in dem der Student Anselmus zwischen zwei einander bekriegende Mächte gerät.

Anselmus muß sich zwischen der Welt der Poesie und jener des bürgerlichen Alltags entscheiden, zwischen Veronika Paulmann, die um den Studenten mit allen Mittel kämpft, seit sie in ihm einen künftigen Hofrat sieht, und Serpentina, dem grünen Schlänglein, der Tochter des Archivarius Lindorst, der eigentlich ein Salamander ist. Oder anderes gesagt: Anselmus gerät zwischen zwei Mächte, deren Schein sich von ihrem Sein unterscheidet. Natürlich steht der Leser auf der Seite Serpentinas, gerade weil Hoffmann uns das Fräulein

Veronika in ihrer Anmut und ihrer kalten Berechnung, ihrem wirklichen Mut und ihrer Skrupellosigkeit, in ihrem lebensfrohen Krämergeist so eindringlich vor Augen führt. Daß Anselmus schließlich mit Serpentina nach Atlantis versetzt wird, erfüllte mich mit Befriedigung. Eine noch größere Befriedigung jedoch zog ich aus der Tatsache, daß es hier um Dresden ging, und damit meine Heimatstadt zum Nabel der Welt erklärt wurde, zu einem Ort, an dem die entscheidenden Kämpfe ausgetragen werden.

Sind es Werke wie das Hoffmannsche, die eine Stadt zum Mythos werden lassen? Was überhaupt ist Mythos?

Die für mich beste Beschreibung hat noch immer Franz Fühmann geliefert. In seinem Essay *Das mythische Element in der Literatur* zählt er die Hauptelemente auf, die für ihn zum Wesen des Mythos gehören. Vereinfachend gesagt: »Das Mythische ist Gleichnis für die Verschränkung dessen, was sowohl draußen wie drinnen ist, von historisch-sozialen wie von psychischen Realitäten. [...] Es ist untheoretisierte Erfahrung und Bestätigung meines Erfahrens, doch dieses Bestätigen hat übergreifend auch erklärende Gewalt, wenngleich in einem besonderen Sinn: Es erklärt Dinge, die wissenschaftlich unerklärbar sind.« Mythos ist immer etwas unabgeschlossenes, etwas, für das es keine Urfassung gibt und keine Endfassung. Mit jeder Deutung schreibt man ihn fort. Märchen sind gesunkene Mythen. Das Märchen kann wieder zum Mythos werden, wenn wir anstelle des Happy-Ends die Widersprüche zurückdenken.

Darüber hinaus ist der Mythos ambivalent: »Die Anfälligkeit liegt in seinem Gleichnischarakter; der ist sein Vorzug wie seine Schwäche, und beides teilt er mit jeder Kunst. [...] Das menschliche Streben nach bequemster Erklärung der unbequemen Dinge des Alltags

– und uneingestanden gerade des Innen – kann [...] zu massenhafter und gieriger Anerkennung all dessen führen, was nach dem Mund redet, um den Bart geht, Honig ums Maul schmiert – kurzum: aller Demagogie.« Wer das Gleichnis zur Gleichung fälscht, zerstört den Mythos und setzt an seine Stelle den Wahn.

Außerhalb der Literatur, außerhalb der Kunst wird die Bestimmung des mythischen Elementes komplizierter. Denn sowohl die reale Erfahrung als auch die Erfindung machen erst die Erzählung aus, die zum Mythos werden kann. Der Mythos braucht sowohl das Ereignis wie die Rede darüber. Was macht eine Stadt zu einem Mythos? Was muß mit einer Stadt geschehen, damit der Begriff Mythos – bei aller Unschärfe – angemessen wirkt?

Von meiner Mutter und den Großeltern, allesamt Neu-Dresdner, hörte ich weder den Dresdner Dialekt noch die Dresdner Legenden. Beides vernahm ich aus dem Mund einer Frau, die meiner Großmutter beim Putzen und Wäschewaschen half. Sie erzählte mir, wie bei der Bombardierung Dresdens Löwen und Tiger neben Kindern und Frauen im Großen Garten gelegen und Zuflucht gesucht hätten. Sie erzählte von Tieffliegern über den Elbwiesen, die auf die vor dem Feuer Flüchtenden mit Maschinengewehren geschossen hätten. Sie erzählte mir, wie schön und herrlich das Leben vorher gewesen war, und wie schlimm alles dann mit den Russen geworden war.

In der Schule, wenn nicht schon im Kindergarten, hörten wir von einem Soldaten der Roten Armee, der, als er die von den Faschisten in einem nassen Bergstollen versteckte *Sixtinische Madonna* erblickte, so ergriffen war, daß er alle Vorsicht vergaß und auf eine Mine trat. Er bezahlte seinen Mut und seine Feinsinnigkeit mit dem Leben.

Ein Ritual waren die Besuche am Sonnabend nachmittag im Dresdner Dynamostadion. In der DDR war es das konkurrenzlos bestbesuchte Stadion. Häufig war es zu Oberligaspielen mit 34.000 (oder waren es 36.000?) ausverkauft. Da ich bis dahin richtige Fußballspiele nur aus dem Fernsehen gekannt hatte, war ich überrascht gewesen von der Farbigkeit der Kulisse, vor allem von dem geradezu leuchtenden Grün des Rasens und den schwarz-gelben Trikots. Allerdings vermißte ich Wiederholung und Zeitlupe, wenn ein Tor gefallen war. Sobald die Zahl der Opfer des »anglo-amerikanischen Terrorangriffs« erwähnt wurde, hatte ich als Stadionbesucher eine klare Vorstellung. 30.000 kamen zu einem Spiel gegen Wismut Aue im Dezember.

Vielleicht brauchte es all dieser Beispiele gar nicht, um die Vermutung auszusprechen, daß, wenn es denn so etwas wie einen Mythos Dresden geben sollte, dieser sich sowohl aus dem einstigen Glanz wie aus dessen Zerstörung speist. Je größer der Glanz, den wir aus dem »Ruinenwert« schlossen, desto sinnloser und opferreicher die Zerstörung.

Wir besaßen und hüteten eine relativ frühe Ausgabe von Fritz Löfflers *Das alte Dresden*, das mit seinem schwarzen Einband und der goldenen Schrift das eigentliche heilige Buch zu Hause war. Es hatte die Bedeutung eines Reliquiars, eines Stammbaums.

Und zugleich zogen wir aus der Größe des Verlustes auch eine Art Selbstbewußtsein. Was der Stadt widerfahren war, zeichnete sie wiederum vor anderen aus. Ja die einmalige Zerstörung reichte nicht: Die Sentenz, daß Dresden dreimal zerstört worden sei, einmal durch die Bomben, zum zweiten Mal durch das, was man abgerissen hatte, zum dritten Mal durch das neu Gebaute, war jedem Dresdner geläufig.

Wenn es einen Mythos Dresden gibt, dann war sein Herz die Ruine der Frauenkirche.

Letzten Herbst fuhr ich mit der Bahn von Berlin nach Prag. Ich genoß die Annäherung an Dresden: in der Ferne Meißen, dann Weinböhla und Radebeul mit den Weinbergen, Schlößchen und Villen. Als der Zug die Hansastraße überquerte, an der jede Tramptour begonnen hatte, und die Mitreisenden zur Tür gingen, wurde ich unruhig: Zum ersten Mal war ich ein Durchreisender.

Ich starrte aus den Fenstern, als dürfte mir nichts entgehen: Der Neustädter Bahnhof, auf dem wir die Großeltern von ihrem Besuch aus dem Westen erwartet hatten und von dem ich mit dem Sammeltransport zur Armee aufgebrochen war, die vielen Fahrten als Student und Besucher, immer erwartet und abgeholt, immer zum Zug gebracht. Und dann, schon auf der Marienbrücke, der Canalettoblick! Da war sie also. Wirklichunwirklich stand die helle Frauenkirche im schwärzlichen Panorama der Altstadt. Ich sah sie gern. Ich freute mich über diese neue Kuppel, die, wie sonst nur die Hofkirche, die Silhouette Dresdens bestimmt. War dieser Anblick nicht ein wahr gewordener Traum? An seiner Verwirklichung hatte ich keinerlei Anteil. Nicht eine müde D-Mark habe ich gespendet, weil ich mir nicht vorstellen konnte, daß etwas Neues der schrecklichen Schönheit der Frauenkirchen-Ruine hätte ebenbürtig werden können.

Aus dem rechten Fenster sah ich das Ostra-Gehege und die Tabakfabrik als Moschee, links das verwandelte Lagerhaus mit einem großen Glasbau davor. Es waren immer nur Augenblicke, in denen ich etwas erhaschte und manchmal wohl mehr ahnte als sah. Das »Haus der Presse«, rechts die Friedrichstraße, mit den Sandsteinlöwen vor dem »Friedrichstädter Krankenhaus«, an dessen Rückseite sich der große Neptunbrunnen versteckte und auf dessen Friedhof Pöppelmann beerdigt lag. Ich sah die Reste des Heizkraftwerks, schließlich das sogenannte World-Trade-Center und dann die Prager Straße, die, wie der Hauptbahnhof, eine Baustelle war. Während der Ausfahrt durch Reick und Prohlis entstand ein merkwürdiger Verdacht: War nicht gerade das, wovon man sich früher hatte distanzieren, was man hatte ignorieren wollen, war es nicht gerade das, was einen geprägt hat, was zu einem gehört, was das eigene Dresden ausmacht? Die Startrampe für die Träume, die einen aus der Gegenwart DDR hatte katapultieren sollen, war die nicht längst mit dem Traum verbunden und nolens volens dazugehörig? Und ist es nicht gerade das, wofür man sich heute offiziell schämt, was man am liebsten ungeschehen machen und abreißen will?

Ich ärgerte mich selbst über meine Melancholie, für die ich keine haltbare Begründung fand. Was ist natürlicher, als in einer Stadt, in der man schon über zwanzig Jahre nicht mehr lebt, ein Fremder zu werden, dem all die neuen Straßennamen nichts mehr sagen?

Als ich im Januar dieses Jahres durch die Prager Straße in Richtung Frauenkirche lief, war für mich alles neu. Denn wer Freunde in einer Stadt hat, dem bleibt oft keine Zeit mehr für Spaziergänge durch die Stadt. Viel hatte ich von den Ereignissen im Oktober 1989 gehört und gelesen, in denen die Prager Straße zum zentralen Ort des Geschehens geworden war. Die DDR-Prager-Straße ist noch gut zu erkennen, nur an ihren Enden wird sie länger und schmaler. Ich dachte an den 13. Februar 1983, als mehrere hundert Jugendliche aus der Kreuzkirche zur Ruine der Frauenkirche gegangen waren, um dort Kerzen aufzustellen. Ich hatte davon bei der Armee erfahren und jene dankbar bewundert, die den Mut für diese erste große Demonstration gefunden hatten. Und ich sah die Bilder vor mir, als Kohl an der Ruine der Frauenkirche sprach, der Jubel, der um ihn toste, weil nirgendwo der Westen goldener geglänzt hatte als im »Tal der Ahnungslosen«.

In der fremd-vertrauten Umgebung, in der ich auf die Frauenkirche zuging, genoß ich das laute Sächsisch, als hörte ich es in nie gekannter Lebendigkeit.

Je näher ich der Frauenkirche kam, um so mehr schien sie sich zu verwandeln, um dann, vom Neumarkt aus betrachtet, zu ihrer eigenen Wachsfigur zu erstarren. Was war geschehen? Ich weiß es nicht. Wie ein Bergsteiger fand der Blick dankbar an jedem alten Stein Halt – und glitt an der hellen Fassade wieder ab.

Aber ist es nicht einzigartige Architektur? Der schönste protestantische Dom? Und zutiefst bewegend, auf welche Art und Weise der Wiederaufbau bewerkstelligt wurde? Ja! Ja! Ja! Aber sollte das hier das Herz von Dresden sein?

Ich umrundete die Kirche, sah ins Coselsche Palais hinein, dem zwischen 1998 und 2000 entstandenen ersten »Leitbau« an der Frauenkirche, wo Gänsebraten mit Marzipan überbacken angeboten wird und die Kellnerinnen und Kellner in historisch angehauchter Tracht bedienen. Wieder im Freien, sah ich nur noch Kulissen! Kulissen, die Häuser aus vergangenen Jahrhunderten vorstellen sollten. Wohin ich auch blickte, flatterten die mit den zukünftigen Fassaden bemalten Planen. Wo man die Häuser schon errichtet hatte, war es am schauerlichsten. Hier fällt man aus der Zeit und verliert somit auch den Ort. Ja ich wunderte mich, daß die Leute auf dem Platz nicht in historischen Kostümen herumliefen.

Vielleicht gibt es für die neue Frauenkirche doch noch die Möglichkeit zu altern, die Hoffnung, daß ihr

Odem eingehaucht wird, ihr Antlitz Lebendigkeit gewinnt. Aber diese Attrappen um sie herum, »die ohne einen alten Stein uns den Fortbestand des Alten heucheln? [...] Diese Attrappen sind ein grauenvoller Spiegel unseres Mangels an Eigensein.« Diese Worte Fühmanns, die er angesichts des historisierenden DDR-Bauherrengeistes Ende der Siebziger formulierte, erscheinen mir heute geradezu prophetisch.

Plötzlich blickte ich dankbar auf den Kulturpalast und auf die Rückfront des klobigen, unschönen Häuserriegels der früheren Thälmann-Straße, nun wieder Wilsdruffer Straße, weil aus ihnen noch ein historisch faßbarer Bezug, eine konkrete Zeit sprach.

Zwischen der Seelenlosigkeit des Bau-Surrogats, das um den Neubau der Frauenkirche herum errichtet wird wie ein ewig währender Weihnachtsmarkt, und der neuen Verkaufsarchitektur, die von Stadt zu Stadt so austauschbar und allgegenwärtig ist wie die Marken der Firmen, die sie beherbergen, gewinnen plötzlich die geschmähten Bauten der DDR-Zeit ein markantes, ja geradezu menschliches Gesicht. Die Häuserfront des Dresdner Altmarkts, diese Melange aus Stalinismus und Barock, erscheint mir im Vergleich zu dem neuen Potemkinschen Dorf geradezu souverän, so wie die naiven Reliefs von Bäuerinnen und Bauern, die sich nun zwischen der Filiale von Douglas und der zurückgekehrten Firma Kreutzkamm befinden, mich plötzlich anrührten.

Was ist das für ein Geist, der aus Dresden ein Märchen machen will und es damit der Geschichts- und Gesichtslosigkeit preisgibt?

Als ich mich noch einmal umdrehte, sah ich alte Bekannte! Der Herr Conrector Paulmann und der Herr Registrator Heerbrandt laufen durch die Stadt. Und für das Fräulein Veronika kann sich nun auch ihr Traum erfüllen: Sie sitzt als Frau Hofrätin Heerbrandt im Erker und schaut lächelnd auf die Elegants hinab, die vorübergehend und hinauflorgnettierend sagen: »Es ist doch eine göttliche Frau, die Hofrätin Heerbrandt!« Ort der Handlung – das kann man bei Hoffmann nachlesen – ist der Neumarkt. Anselmus ist nach Atlantis verschwunden. An seinem Sächsisch wird man ihn dort vielleicht erkennen.

Detlev Schöttker

Dresden als poetischer Raum
Nachwort

Seit Ende des 18. Jahrhunderts wurde Dresden zu einem Ort, den Schriftsteller gern besucht und häufig beschrieben haben. In Briefen, Reiseaufzeichnungen und literarischen Werken wird dabei ein Landschaftsraum vergegenwärtigt, der aus der Zeit herausfällt und einen eigenen, in sich geschlossenen Kosmos bildet. »Dresden ist eine der ersten Städte in der Welt wegen ihrer Merkwürdigkeiten der Natur und Kunst«, schrieb der 19-jährige Wilhelm Heinrich Wackenroder in einem Brief an den in Halle studierenden Ludwig Tieck, als er Anfang September 1792 nach Berlin zurückgekehrt war. Knapp zwei Wochen zuvor hatte er dem Freund seinen ersten Eindruck in einem Brief mitgeteilt, den bis heute jeder Bahn- und Schiffsreisende nachempfinden kann. »Der Weg von Meißen bis Dresden (3 Meilen)«, so Tieck am 21. August 1792, »verdient das Lob, das ihm jeder gibt. Er zieht sich beständig längs den gelben Fluten der Elbe hinunter, und wird immer von grünen Weinbergen begleitet, aus denen tausend kleine weiße Häuser, Türmchen usw. hervorglänzen. Ich genoß diese Schönheiten in stummer Stille und hegte allerhand poetische Empfindungen dabei. Die Aussicht von der Dresdner Brücke ist fast dieselbe, und daher mitten in der Stadt von unschätzbarem Wert.«

Landschaft und Architektur werden hier nicht topographisch beschrieben, sondern zum Medium »poetischer Empfindungen«. Wackenroders Briefe an Tieck lassen damit nicht nur die Anfänge der Frühromantik greifbar werden; sie zeigen auch, daß diese eng an die Erfahrung Dresdens gebunden sind. Friedrich Schiller war wenige Jahre zuvor noch ganz anderer Auffassung, als er die Stadt in einem Brief als »Wüste der Geister« bezeichnete, nachdem er von 1785 bis 1787 als Gast von Christian Gottfried Körner dort gelebt hatte. »Die Kursachsen«, so schreibt er am 4. Dezember 1788, »sind nicht die liebenswürdigsten von unsern Landsleuten, aber die Dresdner sind vollends ein seichtes, zusammenge schrumpftes, unleidliches Volk, bei dem es einem nie wohl wird«. Landschaft und Architektur konnten die negativen Erfahrungen offenbar nicht aufwiegen, obwohl sich Schiller meist an einem der schönsten Orte der Stadt aufgehalten hat: in einem kleinen, heute wieder zugänglichen Haus in Loschwitz unterhalb des Villenviertels Weißer Hirsch, wo er vermutlich auch seine Ode *An die Freude* schrieb.

Auf diese Anhöhe führt seit 1895 eine der ersten Standseilbahnen Europas, die mit einem grottenähnlichen Anfangspunkt, einem Tunnel und Aussichten ins Grüne im Sinne der Romantik angelegt ist. Auf dem Hinweg oder von oben schaut man auf eine 1893 fertiggestellte Stahlbrücke, die wegen ihrer Farbgebung mit wiederum romantischem, vielleicht auch ironischem Gestus als »Blaues Wunder« bezeichnet wird. Selbst an diesem Ort also, an dem Landschaft und Architektur durch die industrielle Moderne geprägt sind, ist die poetische Aneignung der Stadt wirksam geblieben. Noch in der Formel »Tal der Ahnungslosen«, die das angebliche Informationsdefizit der hier lebenden Menschen durch den begrenzten Empfang des »Westfernsehens« charakterisieren sollte, wird die Verbindung von Landschaft und Poesie spürbar. Statt von einem »Mythos« Dresden zu sprechen, wäre also danach zu fragen, wie sich die Poetisierung der Stadt vollzogen und im Laufe der Zeit gewandelt hat.

Folgen der Romantik

Nicht nur die Vertreter der frühromantischen Generation haben die Besonderheiten des städtischen Landschaftsraumes zu schätzen gewußt und ihn in poetischen Formen dargestellt. So schreibt Jean Paul am 17. Mai 1798, kurz nach seiner Ankunft in Dresden, an einen Freund: »Die Straße von Meißen läuft zwischen einem langen gebogenen Hügelrücken und der breiten gebogenen Elbe herrlich hin. Betrittst du die Dresdner Brücke, so liegen Paläste wie Städte vor dir, und neben dir eine Elbe, die aus einem weiten Reiche in das andere fließt.« Von der Landschaft richtet sich der Blick auf die Stadt, die ihrerseits poetische Kraft entfaltet: »eine lange Allee und das Getümmel des Lebens«, so heißt es in dem Brief weiter, »ergreifen dich«.

1803 hatte Johann Gottfried Herder die Stadt in einem Beitrag über die Kunstsammlungen als »deutsches Florenz« bezeichnet und sich dabei auf Johann Joachim Winckelmann berufen, der mit seinen in Dresden verfaßten *Gedanken über die Nachahmung der Griechischen Wercke in der Mahlerey und Bildhauer-Kunst* (1755) zu einer neuen Aneignung der Antike in Europa beigetragen hat. Auch viele andere Darstellungen, die von Historikern der Dresdner Kunst und Literatur dokumentiert wurden, zeigen, daß die Stadt und ihre Landschaft seit Ende des 18. Jahrhunderts als Gesamtkunstwerk aufgefaßt wurden. Der naturbelassene Verlauf des Flusses, die landschaftsbezogene Bebauung der Hügel und die Silhouette der Altstadt sind Grundlage dieses Eindrucks und haben dazu beigetragen, daß das Elbtal zwischen Meißen und Pillnitz 2004 in die Unesco-Liste des Weltkulturerbes aufgenommen wurde. Zwar ist auch in diesen Raum immer wieder die Geschichte eingebrochen – in Gestalt von Zerstörungen durch Kriege, sozialen Veränderungen und Hochwasserschäden –, doch ist die ästhetische Qualität des Landschaftsraumes nie in Frage gestellt worden. Auch deshalb wird über den geplanten Bau einer neuen großen Brücke über die Elbe hier mit großer Leidenschaft diskutiert.

Die Grundlage für die ästhetische Wertschätzung der Stadt wurde zu Beginn des 18. Jahrhunderts geschaffen. Nachdem August, Kurfürst von Sachsen, bereits in der zweiten Hälfte des 16. Jahrhundert eine Kunstsammlung angelegt hatte, ließ Friedrich August I. (genannt der Starke), nachdem er 1694 als Kurfürst die Regentschaft übernommen hatte und 1697 (als August II.) auch König von Polen geworden war, von Architekten wie Matthäus Daniel Pöppelmann, George Bähr und Gaetano Chiaveri ein Ensemble repräsentativer Bauwerke in einem italienisch geprägten Barockstil errichten, das sich dem Beobachter als visuelles Kunstwerk mit erzählerischer Ausstrahlung darbot. Zu ihm gehören Augustusbrücke, Zwinger, Hofkirche, Frauenkirche und einige Palais in der Umgebung des bereits im 16. Jahrhundert errichteten und später erweiterten Schlosses. Ergänzt wurde das Ensemble unter der Regentschaft von Friedrich August II. seit dem zweiten Drittel des 18. Jahrhunderts durch die Elbterrassen und seit Mitte des 19. Jahrhunderts durch Bauwerke von Gottfried Semper (vor allem Oper, Gemäldegalerie und Synagoge), denen im frühen 20. Jahrhundert weitere Gebäude wie der Speicher und das Italienische Dörfchen von Hans Erlwein hinzugefügt wurden.

Obwohl dieser Zusammenhang beim Bombenangriff von 1945 fast vollständig zerstört und erst Jahrzehnte später rekonstruiert wurde, blieb seine Ausstrahlung auf zahlreichen Bildern stets präsent. Zu ihnen gehören Werke bedeutender Maler wie Caspar David Friedrich, Johan Christian Clausen Dahl (den Karl Mickel in seinem Gedicht *Frauenkirche* erwähnt), Carl Gustav Carus, Ludwig Richter, Ernst Ludwig Kirchner, Oskar Kokoschka, Conrad Felixmüller, Otto Dix, Conrad Ernst Hassebrauk und viele andere. Noch in den Bildern der zerstörten Stadt, die Wilhelm Rudolph seit 1945 gemalt hat, und nicht zuletzt in Richard Peters berühmter Photographie *Blick vom Rathausturm* (auf die Roman Israel anspielt) ist die poetische Dimension der Architektur gegenwärtig (vgl. Greve u.a. 2005).

Vor allem zwei Persönlichkeiten haben zu dieser Ästhetisierung der Stadt und ihrer Präsenz im kollektiven Gedächtnis beigetragen: zum einen der venezianische Maler Bernardo Bellotto, der Canaletto genannt wurde und seit 1747 als Hofmaler im Auftrag Friedrich August II. vierzehn Stadtansichten geschaffen hat, die später immer wieder variiert wurden; zum anderen der Kunst- und Architekturhistoriker Fritz Löffler, der mit seinem 1955 erschienenen und bis heute aufgelegten Buch *Das alte Dresden. Geschichte seiner Bauten* die Vorstellung von der architektonischen Bedeutung der Stadt auch nach ihrer Zerstörung im Jahr 1945 lebendig gehalten hat. Ingo Schulze bezeichnet das Buch in seinen *Nachtgedanken* als »das eigentliche heilige Buch zu Hause«.

Durch die Kunstsammlungen, die August der Starke aufbauen ließ, darunter Porzellan, Kunsthandwerk, Skulpturen, Gemälde und Kupferstiche, wurde die bewunderte Außenansicht nicht nur durch ein reiches Innere der Gebäude ergänzt; die Werke wurden zugleich durch Museen und neue Formen der Präsentation einer größeren Öffentlichkeit zugänglich und damit in ihrer Wirkung potenziert. Vier Jahre nach seinem ersten Aufenthalt in Dresden besuchte Wackenroder im Sommer 1796 gemeinsam mit Tieck die Gemäldegalerie. Die Werke, die sie hier sahen, haben dazu beigetragen, daß die Kunst der italienischen Renaissance gleichberechtigt neben die des deutschen Spätmittelalters rückte und zum Fundament einer neuen, poetisch und religiös orientierten Auffassung der Kunst wurde: dargestellt in den *Herzensergießungen eines kunstliebenden Klosterbruders* und den *Phantasien über die Kunst*, die Tieck in den Jahren 1797 und 1799 mit seinen und Wackenroders Texten herausgab. Während Wackenroder 1798 mit 23 Jahren starb, lebte Tieck ab 1819 noch über 20 Jahre in Dresden, verfaßte hier zahlreiche Werke und hat die Stadt durch einen Salon, Besuche von Autoren aus dem In- und Ausland, begehrte Rezitationsabende und seine Tätigkeit am Hoftheater zu einem Zentrum der deutschen Literatur gemacht, bis er 1841 nach Berlin übersiedelte.

Bereits im August 1798 war die Gemäldegalerie Treffpunkt einer anderen, aus Jena kommenden Gruppe der frühromantischen Generation: Friedrich Schlegel, sein Bruder August Wilhelm Schlegel und dessen Frau Caroline, Novalis, der seit 1797 Bergbau im nahe gelegenen Freiberg studierte, Friedrich Wilhelm Joseph Schelling, der später Caroline Schlegel heiratete, und nicht zuletzt Johann Gottlieb Fichte. Die von ihnen diskutierten Auffassungen zu Werken der Dresdner Sammlungen haben August Wilhelm und Caroline Schlegel zu einem längeren dialogischen Text angeregt, der 1799 im zweiten Band der Zeitschrift *Athenäum* unter dem Titel *Die Gemählde* (mit August Wilhelm als Verfasser) erschienen ist.

Das Interesse der Gesprächspartner geht hier von den Statuen, die für Winckelmann im Mittelpunkt standen, zu den Gemälden über, die am Schluß in mehreren Gedichten gewürdigt werden: »Dir neigen Engel sich in tiefer Feyer/Und Heil'ge beten, wo Dein Fußtritt wallt«, heißt es in August Wilhelm Schlegels Sonett *Die Mutter Gottes in der Herrlichkeit* über Raffaels *Sixtinische Madonna*, die 1754 nach Dresden gekommen war. Schlegels Gemälde-Gespräche und -Gedichte waren Vorbild vieler literarischer Texte zu den Werken der Dresdner Sammlungen, in deren Tradition auch Durs Grünbeins *Madonna und Venus* steht.

Fast 20 Jahre nach den ersten Darstellungen durch die Frühromantiker ist die Stadt in E.T.A. Hoffmanns Novelle *Der goldene Topf* Gegenstand einer Erzählung geworden. Hoffmann hat den Text – nach einem mehrmonatigen Aufenthalt in Dresden – 1814 im dritten Band der *Fantasiestücke* veröffentlicht und den Ortsbezug gleich zu Anfang hergestellt: »Am Himmelfahrtstage, nachmittags um drei Uhr, rannte ein junger Mensch in Dresden durchs Schwarze Tor und geradezu in einen Korb mit Äpfeln und Kuchen hinein, die ein altes häßliches Weib feilbot.« Hier ist nicht mehr von der Hügellandschaft der Elbe, der Silhouette der Stadt und den Kunstsammlungen die Rede, sondern von Märkten, Stadttoren, Gartenlokalen und der Pirnaer Vorstadt, einem der vielen Ortsteile Dresdens, die bis heute die Eigenheiten des Stadtbilds prägen. Der Leser wird mit dem Studenten Anselmus und dem Fräulein Veronika Paulmann an Orte geführt, die bis dahin nicht zur literarischen und künstlerischen Topographie Dresdens gehörten. Doch beläßt es Hoffmann bei Andeutungen, da er der krankhaft übersteigerten Phantasie seiner Hauptfigur mehr Aufmerksamkeit schenkt als der städtischen Wirklichkeit.

Defizite der Moderne

Hoffmanns Erzählung blieb ein Einzelfall. Bis in die Gegenwart hat die Dresdner Literatur keinen Roman hervorgebracht, der ein umfassendes Bild der Stadt in der Nachfolge der Romantik zu liefern vermag. Selbst die Wende im Jahr 1989, zu der die Vorgänge in Dresden nicht unwesentlich beigetragen haben, fand keine Resonanz in der Literatur, wenn man von Thomas Rosenlöchers »Dresdner Tagebuch« *Die verkauften Pflastersteine* (1990) absieht. An Ansätzen der erzählerischen Aneignung hat es zwar nicht gefehlt, wie Reiseberichte und autobiographische Texte seit dem 19. Jahrhundert – von Hans Christian Andersen bis hin zu Erich Kästner – zeigen, doch dominieren vor allem Lyrik und Essay. Es gibt dafür zwei Gründe. Während der Roman von historischen Veränderungen lebt, erzwingen Landschaft, Kunst und Architektur die Darstellung räumlicher Erfahrungen, für die Lyrik und Betrachtung geeignet sind. Wichtiger ist, daß Romane vor allem in Metropolen oder in der Provinz spielen, Dresden aber beides weder war noch ist.

Trotz der Veränderungen, die sich durch die Industrialisierung und die ästhetische Moderne seit Mitte des 19. Jahrhunderts in der Stadt vollzogen haben, konnte sich hier kein urbanes Milieu ausbilden. Georg Simmel hielt zwar seinen berühmt gewordenen Vortrag *Die Großstädte und das Geistesleben* 1903 in Dresden, erwähnt die Stadt aber nicht. Die Mitglieder der Künstlervereinigung »Die Brücke«, die 1905 die moderne Malerei in Dresden begründeten, gingen 1910 nach Berlin. Die seit 1908 angelegte Gartenstadt Hellerau, in der Heinrich Tessenow mit dem Festspielhaus eines der ersten Bauwerke der architektonischen Moderne in

Deutschland geschaffen hat, wurde zwar zum vielbesuchten Ort von Künstlern und Autoren, blieb aber eine Insel an der Peripherie. Und Fritz Schumacher, der ab 1899 als Professor für Architektur auch die »Brücke«-Maler unterrichtete, hat in Dresden keine Bauten verwirklicht, sondern erst ab 1909 in Hamburg. Nach Dresden kamen Schriftsteller seit dem 19. Jahrhundert vor allem zur Erholung, dann zogen sie weiter (vgl. Weiß/Wonneberger 1997 und 2001).

Diese Zurückhaltung gegenüber den gesellschaftlichen Realitäten wiederholt sich auch bei jenem Ereignis, das die neuere Geschichte Dresdens so nachhaltig geprägt hat wie kein anderes: die Bombardierung der Altstadt durch Flugzeuge der Alliierten Truppen am 13. und 14. Februar 1945. Auch 60 Jahre danach gibt es keinen Roman eines deutschen Schriftstellers, der sich mit den politischen Voraussetzungen und den gesellschaftlichen Folgen der Ereignisse beschäftigt. Nur im subjektiven Filter von Gedichten und Essays scheint eine Aneignung möglich gewesen zu sein, wie zuletzt noch Durs Grünbeins *Porzellan* (2005) zeigt.

Von Betroffenheit und Distanz zugleich sind die Tagebuch-Aufzeichnungen geprägt, die der Dresdner Romanist Victor Klemperer zehn Tage nach der Bombardierung niedergeschrieben hat. Sie haben den Autor, der als Jude 1935 seine Professur an der Technischen Hochschule verlor, nach ihrer postumen Publikation Mitte der neunziger Jahre zum bekanntesten Chronisten der Ereignisse und ihrer Vorgeschichte werden lassen. Da Klemperers Deportation in ein Konzentrationslager bereits beschlossen war, bevor die Stadt bombardiert wurde, hat ihm der Angriff das Leben gerettet und vermutlich zu jener Nüchternheit beigetragen, die die Aufzeichnungen trotz aller Anteilnahme kennzeichnen.

Ähnlich distanziert ist die Erzählhaltung in Harry Mulischs *Das steinerne Brautbett*. Der Roman war, als er 1959 erschien, die erste literarische Darstellung über die Bombardierung und ihre Folgen, nachdem Erhart Kästner bereits in einem Kapitel seiner 1949 erschienenen Autobiographie *Das Zeltbuch von Tumilat* berichtet hatte, daß Botschaften über die Zerstörung Dresdens bis in die Lager deutscher Kriegsgefangener in Ägypten vorgedrungen seien. Mulisch, 1927 in den Niederlanden geboren, hatte – wie er in einem Interview sagte – als Jugendlicher mit Freude auf die Bomber der Alliierten geschaut, die von England kamen und über die Niederlande in Richtung Deutschland flogen. Mitte der fünfziger Jahre hat er Dresden selbst besucht. In seinem Roman läßt er den Zahnarzt Norman Corinth, der an der Bombardierung als Mitglied einer Flugzeugbesatzung beteiligt war, zu einem Kongreß noch einmal in die Stadt fahren und dort seine Eindrücke und Erinnerungen verarbeiten.

Mulischs Roman blieb trotz einer ersten deutschen Übersetzung im Jahr 1960 weitgehend unbeachtet, da die Zerstörung in der Bundesrepublik nur selten Thema und in der DDR Teil antiwestlicher Propaganda war. Doch erschien 1969 in den USA ein Roman, der die Ereignisse auch international bekannt gemacht hat: *Schlachthof 5*. Sein Verfasser, der amerikanische Schriftsteller Kurt Vonnegut, hatte die Bombardierung als Kriegsgefangener in Dresden erlebt, nachdem er in den Ardennen gefangen genommen worden war. Bedeutsam ist der Roman durch die Authentizität der Schilderungen und deren reflexive Vermittlung, die von der Frage geprägt sind, wie solche Ereignisse dargestellt werden können. In Vonneguts Beobachterrolle sind inzwischen mehrere Nachahmer geschlüpft, die die Bombardierung zum Bestandteil der Unterhaltungsindustrie gemacht haben. Zu ihnen gehört auch Roland Suso Richter, auf dessen Fernseh-Film *Dresden* (2006) das gleichnamigen Buch von Rainer Lunau basiert. Autor und Regisseur inszenieren hier eine Vergangenheit, die sie nicht kennen, aber auch nicht historisch reflektiert haben, so daß Bomben, Feuersbrunst und Massensterben zum Anlaß einer Liebesgeschichte werden, die sich überall erzählen läßt.

Die ästhetische Funktionalisierung der historischen Ereignisse hat ihren genau belegbaren Anfang. Es handelt sich um einen Text, für den der 83-jährige Gerhart Hauptmann verantwortlich zeichnete. Er wurde am 29. März 1945 im Deutschen Rundfunk vorgetragen und am 6. April in leicht veränderter Form unter dem Titel *Die Untat von Dresden* in der *Deutschen Allgemeinen Zeitung* gedruckt. Hauptmann hatte die Bombardierung in einem Sanatorium in Loschwitz, auf einer der Anhöhen unweit der Stadt erlebt. Der Text selbst wurde Teil einer Kampagne des Propagandaministeriums gegen die Kriegführung der Alliierten, die sich in diesem Fall als besonders effektiv erwiesen hat, da der erste Satz bis heute – ohne Kontextbezug – immer wieder zitiert wird: »Wer das Weinen verlernt hat, der lernt es wieder beim Untergang Dresdens«. In den nachfolgenden Sätzen macht der

Verfasser die Zerstörung zum ästhetischen Ereignis, indem er jene Formulierungen noch einmal in trivialer Übersteigerung verwendet, die seit der Romantik das Bild der Stadt geprägt haben: »Dieser heitere Morgenstern der Jugend hat bisher der Welt geleuchtet. Ich weiß, daß in England und Amerika gute Geister genug vorhanden sind, denen das göttliche Licht der Sixtinischen Madonna nicht fremd war und die von dem Erlöschen dieses Sterns allertiefst schmerzlich getroffen weinen. [...] Von Dresden aus, von seiner köstlich-gleichmäßigen Kunstpflege in Musik und Wort sind herrliche Ströme durch die Welt geflossen, und auch England und Amerika haben durstig davon getrunken.«

Mythenreflexion der Gegenwart

Der Wirksamkeit von Hauptmanns Formulierungen konnten Nachfolger bis heute kaum etwas entgegensetzen. Als der Schriftsteller W.G. Sebald 1999 eine Vortragsfolge mit dem Titel *Literatur und Luftkrieg* veröffentlichte, entzündete sich daran zwar eine Debatte über die jahrzehntelange Tabuisierung der Bombardierung deutscher Städte, die von der Literaturkritik begonnen wurde und dann auf die historische Publizistik übergriff. Da die Romane von Mulisch und Vonnegut hier aber nicht erwähnt wurden, sind auch die Werke jener Dresdner Autoren unbeachtet geblieben, die sich vor Sebald mit der Bombardierung und ihren Folgen beschäftigt hatten. Zu ihnen gehört vor allem der 1935 geborene Heinz Czechowski. Mit seinem Gedicht *Auf eine im Feuer versunkene Stadt*, das 1967 entstand und 1990 zum Titel eines Bandes mit ausgewählten Texten wurde, hatte er Wege zu einer reflektierten Annäherung gewiesen. »Manchmal«, so heißt es in der letzten Strophe (mit mutmaßlichem Bezug auf Gerhart Hauptmann), »ich gebe es zu,/ Steht es nicht gut um mich:/ Die Stadt sehe ich im Feuer, aber/Die Zukunft kommt mir entgegen, sicher berechnet,/ Doch die Zeit, der wir entronnen sind,/ Weint.« Karl Mickel, B.K. Tragelehn, Volker Braun und andere haben diese vorsichtige Aneignung in Gedichten und Essays fortgesetzt (weitere Texte bei Deckert 2005 und Schmitz 2005).

In dieser Tradition steht auch ein noch unveröffentlichter Roman von Marcel Beyer mit dem Titel *Auf Totengrund*. Wie in seinen vorausgehenden Romanen nähert sich Beyer den Ereignissen der Vergangenheit über die Analyse von Medien, in diesem Falle von Photographien und einem einschlägigen Buch. In diese Darstellung schieben sich zugleich mythische Bilder, die nur mündlich überliefert sind. Es handelt sich um Berichte über exotische Tiere, die nach dem Bombenangriff aus ihren beschädigten Käfigen im Zirkus Sarasani und im Dresdner Zoo geflohen sind. Was Beyer mit dem Flug der Geier vom Zoo an die Elbe und zurück sehr wirkungsvoll erfand, brachte den französischen Ethnologen Michel Leiris schon vierzig Jahre zuvor aus Paris nach Dresden. Im vierten Band seiner Autobiographie *Die Spielregel* berichtet er über einen Besuch des Dresdner Zoos im Jahr 1966 und geht dabei auf Erzählungen über menschliche Verhaltensweisen wilder Tiere ein, die er nicht ethnologisch, sondern theologisch als »irdisches Paradies« deutet, so daß sie anrührend bleiben und dennoch ad absurdum geführt werden.

Martin Walser hat die Legende in seinem Roman *Verteidigung der Kindheit* (1991), der zu Anfang in Dresden spielt, in einer anderen Version wiedergegeben. Es heißt dort: »Dr. Halbedl lag in den Elbwiesen, ringsum die Leichen der an der Verbrennung und Verwundung Gestorbenen. Im Herbst 45 hat er geschildert, wie der Löwe näher kam, an den Toten schnupperte, Dr. Halbedl erreichte, spürte, daß da noch jemand lebte und sich sofort neben Dr. Halbedl niederlegte, sich sogar dicht an ihn schmiegte.« Der berichtende Gestus entlarvt auch hier die Legende, so daß der Blick auf mögliche Realitäten hinter den Bildern eröffnet wird. Doch ist dieser poetische Raum nicht erzählerisch vergegenwärtigt worden, sondern nur in Gedichten und Essays erkennbar. »Dieser Untergang, der Schund der Melodramen./ Wie lang mag das her sein?«, fragt Grünbein in der achten Strophe von *Porzellan*. Und die Antwort lautet: »Habs vergessen, Leute./ Weiß für Nimmerwiederkehr ein Wort nur: heute.«

Ausgewählte Literatur

Dichtung, Landschaft und Kultur

Deckert, Renatus (Hg.), *Die wüste Stadt. Sieben Dichter über Dresden.* Frankfurt/Main und Leipzig: Insel 2005.

Deutsches Historisches Museum (Hg.), *Die Elbe. Ein Lebenslauf.* Berlin: Nicolai 1992.

Deutsches Hygiene-Museum (Hg.), *Mythos Dresden. Eine kulturhistorische Revue.* Leipzig: Böhlau 2006.

Dieckmann, Friedrich, *Dresdner Ansichten. Spaziergänge und Erkundungen.* Frankfurt/Main und Leipzig: Insel 1995.

Dresdner Geschichtsverein (Hg.), *Dresdner Hefte. Beiträge zur Kulturgeschichte*, 1983ff. [bisher 85 Themenhefte mit grundlegenden, wissenschaftlich orientierten wie populär geschriebenen Beiträgen zu Kultur, Geschichte, Politik und Künsten].

Günzel, Klaus, *Romantik in Dresden. Gestalten und Begegnungen.* Frankfurt/Main und Leipzig: Insel 1997.

Hage, Volker, *Zeugen der Zerstörung: Die Literaten und der Luftkrieg. Essays und Gespräche.* Frankfurt/Main: S. Fischer 2003.

Helas, Volker/Zadnicek, Franz (Hg.), *Flußlandschaften: Die Elbe bei Dresden.* Dresden: Stekovics 2002.

Jäckel, Günter (Hg.), *Dresden zwischen Wiener Kongreß und Maiaufstand. Die Elbestadt von 1815 bis 1850.* Berlin: Verlag der Nationen 1989.

Jäckel, Günter (Hg.), *Dresden zur Goethezeit. Die Elbestadt von 1760 bis 1815.* 2. Aufl. Berlin: Verlag der Nationen 1990 [erste Aufl. 1988].

Kempowski, Walter (Hg.), *Der rote Hahn. Dresden im Februar 1945.* 2. Aufl. München: btb 2001.

Ludewig, Peter (Hg.), *Schrei in die Welt. Expressionismus in Dresden.* Zürich: Arche 1990.

Nitzschke, Katrin, *Dresden. Literarische Spaziergänge.* 3. Aufl. Frankfurt/Main und Leipzig: Insel 1999.

Schmitz, Walter (Hg.), *Die Zerstörung Dresdens. Antworten der Künste.* Dresden: Thelem 2005.
Stiebert, Klaus (Hg.), *Zauberort. Dresden im Gedicht.* Dresden: Stekovics 2004.
Weiß, Norbert/Wonneberger, Jens, *Dichter, Denker, Literaten aus sechs Jahrhunderten in Dresden.* Dresden: Die Scheune 1997.
Weiß, Norbert/Wonneberger, Jens, *Literarisches Dresden.* Berlin: Jena 1800 Verlag 2001.
Weiß, Norbert/Wonneberger, Jens, *Dresdner Dichterhäuser.* Berlin: be.bra-Verlag 2002.

Architektur, Künste und Geschichte

Arnold, Ulli/Schmidt, Werner (Hg.), *Barock in Dresden.* [Ausstellungskatalog]. Leipzig: Edition Leipzig 1986.
Bergander, Götz, *Dresden im Luftkrieg, Vorgeschichte, Zerstörung, Folgen.* 2. Aufl. Köln u.a.: Böhlau 1994 [1. Aufl. 1977].
Dalbajewa, Birgit/Bischoff, Ulrich (Hg.), *Die »Brücke« in Dresden 1905–1911* [Ausstellungskatalog]. Köln: König 2001.
Dehio, Georg, *Handbuch deutscher Kunstdenkmäler: Dresden.* Bearb. von Barbara Bechter u.a., aktual. von Friedrich Kobler u.a. Berlin: Dt. Kunstverlag 2005.
Dresdner Geschichtsverein (Hg.), *Die Dresdner Kunstsammlungen in fünf Jahrhunderten.* Dresden: Geschichtsverein 2004 (Sonderausgabe Dresdner Hefte).
Eigenwill, Reinhardt, *Kleine Stadtgeschichte Dresdens.* Frankfurt/Main und Leipzig: Insel 2005.
Greve, Anna u.a. (Hg.), *Der Blick auf Dresden. Die Frauenkirche und das Werden der Dresdner Stadtsilhouette.* Dresden: Staatl. Kunstsammlungen 2005.
Heres, Gerald, *Dresdner Kunstsammlungen im 18. Jahrhundert.* Leipzig: Seemann 2006 [1. Aufl. 1991].
Just, Gunter (Hg.), *Bauplatz Dresden – 1990 bis heute.* Dresden: Sandstein 2003.
Löffler, Fritz, *Das alte Dresden. Geschichte seiner Bauten.* 11. Aufl. Leipzig: Seemann 1992 [1. Aufl. 1955].
Löffler, Fritz, *Gemütlichkeit und Dämonie. Dresdner Malerei in der ersten Hälfte des 20. Jahrhunderts.* Hg. von Hans-Peter Lühr. Dresden: Geschichtsverein 1999.
Lupfer, Gilbert u.a. (Hg.), *Architekturführer Dresden.* Berlin: Reimer 1997.

Marx, Barbara (Hg.): *Elbflorenz. Italienische Präsenz in Dresden 16. bis 19. Jahrhundert.* Dresden: Verlag der Kunst 2000.

Matzerath, Joseph (Hg.), *Der sächsische König und der Dresdner Maiaufstand. Tagebücher und Aufzeichnungen aus der Revolutionszeit 1848/49.* Köln u.a.: Böhlau 1999.

Neutzner, Matthias u.a. (Hg.), *Das rote Leuchten. Dresden und der Bombenkrieg.* Dresden 2005.

Nitzschke, Katrin (Hg.), *Die großen Dresdner. 26 Annäherungen.* Frankfurt/Main und Leipzig: Insel 1999.

Pommerin, Reiner (Hg.), *Dresden unterm Hakenkreuz.* Köln u.a.: Böhlau 1998.

Rader, Olaf B., *Kleine Geschichte Dresdens.* München: Beck 2005.

Schnoor, Hans: *Dresden. Vierhundert Jahre Deutsche Musikkultur.* Dresden: Dresdner Verlagsgesellschaft 1948.

Dresden im Film

Spielfilme

Fünf Tage – fünf Nächte, DDR/SU 1960, Regie: Lew Arnstam, Darsteller: Heinz-Dieter Knaup, Annekathrin Bürger.

Karbid und Sauerampfer, DDR 1963, R: Frank Beyer, D: Erwin Geschonnek, Marita Böhme.

Geliebte weiße Maus, DDR 1963/64, R: Gottfried Kolditz, D: Rolf Herricht, Karin Schröder.

Wenn du groß bist, lieber Adam, DDR 1965, R: Egon Günther, D: Gerry Wolff, Manfred Krug.

Schlachthof 5, USA 1972 (nach dem Roman von Kurt Vonnegut), R: George Roy Hill, D: Michael Sacks, Ron Leibman.

Feuer unter Deck, DDR 1976, R: Hermann Zschoche, D: Manfred Krug, Renate Krößner, Fred Delmare.

Frühlingssinfonie, D/Ö/CH 1982/83, R: Peter Schamoni, D: Nastassja Kinski, Rolf Hoppe, Herbert Grönemeyer.

Sachsens Glanz und Preußens Gloria, 6 Teile, DDR 1983/84, R: Hans-Joachim Kasprzik, D: Dietrich Körner, Rolf Hoppe, Klaus Piontek, Renate Blume, Anne Kasprzik.

Die Weihnachtsgans Auguste, DDR 1988, R: Bodo Fürneisen, D: Dietrich Körner, Peter Bause, Barbara Dittus.
Bomben für Ehrlicher (Tatort): D 1995, R: Hans Werner, D: Peter Sodann, Bernd-Michael Lade.
Der rote Kakadu, D 2005, R: Dominik Graf, D: Jessica Schwarz, Max Riemelt.
Dresden, 2 Teile, D 2006, R: Roland Suso Richter, D: Felicitas Woll, John Light, Benjamin Sadler.

Dokumentarfilme

Dresden 1952–1977, DDR 1980, R: Ernst Hirsch.
Abschied vom alten Dresden, D 1997, Regie: Ralf Kukula.
Die Juden sind weg, D 1997, R: Ernst Hirsch/Ulrich Teschner.
Das Grüne Gewölbe zu Dresden, D 1998, R: Ernst Hirsch.
Fluchtpunkt Sao Paulo, D 2000, R: Georg Kretzschmann.
Neubau – VW in Dresden, D 2002, R: Thomas Tielsch/Niels Bolbrinker.
Die steinerne Glocke: Der Wiederaufbau der Frauenkirche zu Dresden, 7 Teile, D 1993–2005, R: Ernst Hirsch.
Das Drama von Dresden, D 2005, R: Sebastian Dehnhardt.
Platte mit Aussicht – Über das Neubaugebiet Dresden-Gorbitz, D 2006, R: Uta Hergert/Marcel Raabe.

Experimental- und Malerfilme

Drei von vielen, DDR 1961, R: Jürgen Böttcher.
Terror in Dresden, DDR 1978, R: A.R. Penck/Wolfgang Opitz.
Dresden I – Blühende Stadt am Strom, DDR 1985, R: Via Lewandowsky.
Dresden II – Advent im Bezirk, DDR 1986, R: Via Lewandowsky.

Autoren und Quellen

JÖRG BERNIG, geb. 1964 in Wurzen; Bergmannslehre, Studium in Leipzig, Promotion über deutsche Kriegsliteratur an der FU Berlin, lebt als Schriftsteller in Radebeul bei Dresden; Aufsätze zur Literatur und Werke mit Gedichten und erzählender Prosa, darunter die Romane *Dahinter die Stille* (1999) und *Niemandszeit* (2002). – *Aufgeschlagen liegt da das Land* (2001), in: *billet zu den göttern. gedichte.* Hauzenberg: Edition Toni Pongratz 2002; *schichten* (geschrieben 2005) © Jörg Bernig.

MARCEL BEYER, geb. 1965 in Tailfingen/Baden-Württemberg; studierte in Siegen, arbeitete in Köln und lebt seit 1996 als Schriftsteller in Dresden; Editionen zur Literatur und Werke mit Gedichten, Essays und erzählender Prosa, darunter *Flughunde. Roman* (1995), *Spione. Roman* (2000), *Erdkunde. Gedichte* (2002). – *Auf Totengrund*, in: *Sinn und Form* 57 (2005), H. 1, S. 86–92 [Auszug aus einem unveröffentlichten Roman] © Marcel Beyer; *Das Hausbuch* (2001), wieder in: ders., *Nonfiction*. Köln: DuMont 2003, S. 57–62 © DuMont Literatur und Kunst Verlag, Köln.

WOLF BIERMANN, geb. 1936 in Hamburg; ging 1953 nach Ost-Berlin, studierte und lebte dort als Regieassistent, Autor und Liedermacher; seit 1965 Auftrittsverbot, 1976 Ausbürgerung nach einem Auftritt in Köln, lebt in Hamburg; zahlreiche Werke mit Gedichten, Liedern, politischen Schriften und Übersetzungen sowie zahlreiche Schallplatten. – *Die Elbe bei Dresden* (1975), in: Wolf Biermann, *Preußischer Ikarus. Lieder, Balladen, Gedichte, Prosa.* Köln: Kiepenheuer & Witsch 1978, S. 33f. [von der LP/CD *Liebeslieder*] © Verlag Kiepenheuer & Witsch, Köln.

VOLKER BRAUN, geb. 1939 in Dresden; Arbeiter in einer Druckerei, seit 1958 Tiefbauarbeiter im Kombinat »Schwarze Pumpe« bei Hoyerswerda; studierte in Leipzig, arbeitete seit

1965 als Dramaturg in Berlin und lebt dort seit 1990 als Schriftsteller; zahlreiche Werke mit Gedichten, Dramen, erzählender Prosa und Essays, u.a. *Gesammelte Stücke* (2 Bde. 1988), *Texte in zeitlicher Folge* (10 Bde. 1989–1993). – *Dresdens Andenken* (1995), wieder in: Volker Braun, *Wir befinden uns soweit wohl. Wir sind erst einmal am Ende. Äußerungen.* Frankfurt/Main: Suhrkamp 1998, S. 101–105 © Suhrkamp Verlag, Frankfurt/Main; *Die Sächsische Flut 2002*, in: ders., *Auf die schönen Posen. Gedichte.* Frankfurt/Main: Suhrkamp 2005, S. 117f. © Suhrkamp Verlag, Frankfurt/Main; *Der Schlamm* (entstanden 1959), in: ders., *Das ungezwungne Leben Kasts.* Berlin: Aufbau-Verlag 1972, S. 9–50, hier S. 9–17 (Auszug) © Suhrkamp Verlag, Frankurt/Main.

HEINZ CZECHOWSKI, geb. 1935 in Dresden; Lehre als graphischer Zeichner, Studium in Leipzig, lebt seit 1994 als Schriftsteller in Limburg/Lahn; 1998 Stadtschreiber von Dresden; zahlreiche Werke mit Lyrik und Essays, darunter *Mit Dresden leben. Essays* (1985); *Auf eine im Feuer versunkene Stadt. Gedichte und Prosa 1958–1988.* Hg. von Wulf Kirsten (1990); *Die Zeit steht still. Ausgewählte Gedichte* (2000). – *Atelier*, in: ders., *Mein Venedig. Gedichte und andere Prosa.* Berlin: Wagenbach 1989, S. 13–15 © Verlag Klaus Wagenbach, Berlin.

DURS GRÜNBEIN, geb. 1962 in Dresden; Studium in Berlin ohne Abschluß, Museumsangestellter im Dresdner Zwinger, lebt seit 1989 als Schriftsteller in Berlin, ist Professor an der Kunstakademie Düsseldorf; zahlreiche Werke mit Gedichten, Essays und Übersetzungen, zuletzt u.a. *Porzellan. Poem vom Untergang meiner Stadt* (2005), *Antike Dispositionen. Aufsätze* (2005), *Der Misanthrop auf Capri. Historien/Gedichte* (2005). – *Madonna und Venus* (2006), in: Deutsches Hygiene-Museum (Hg.), *Mythos Dresden. Eine kulturhistorische Revue.* Köln: Böhlau 2006, S. 69–77 (gekürzt vom Autor); *Tschaikowski-Allee* (entstanden 2004), S. 33 © jeweils Durs Grünbein.

ROMAN ISRAEL, geb. 1979 in Löbau, lebt und studiert in Dresden. – *DD* (entstanden 2005) © Roman Israel.

WULF KIRSTEN, geb. 1934 in Klipphausen bei Meißen; kaufmännische Lehre und Tätigkeiten als Bauarbeiter und Buchhalter, ab 1960 Studium in Leipzig, seit 1966 Lektor und Schriftsteller in Weimar; zahlreiche Werke mit Gedichten, erzählender Prosa und Essays, darunter *Textur. Reden und Aufsätze* (1998), *Die Burg über der Stadt. Roman* (2003), *Erdbebenbilder. Gedichte aus 50 Jahren 1954–2004* (2004). – *die erde bei Meißen* (entstanden 1964), in: ders., *die erde bei Meißen. gedichte.* Auswahl und Nachwort von Eberhard Haufe. Leipzig: Reclam 1986, S. 8f. [Lizenzausg. Frankfurt/Main: Suhrkamp 1987] © Wulf Kirsten.

VICTOR KLEMPERER, geb. 1881 in Landsberg/Warthe, gestorben 1960 in Dresden; Studium in München, Genf und Paris, nach Promotion und Habilitation ab 1920 Professor für Romanistik an der TH Dresden; 1935 Amtsenthebung wegen jüdischer Herkunft, Zwangsarbeit, Flucht in der Nacht des 13. Februar 1945 nach Ostbayern (wenige Tage vor der geplanten Deportation); nach Ende des Krieges Professor an der TH Dresden, in Greifswald und ab 1951 in Berlin; zahlreiche Werke zur französischen Literatur, autobiographische Aufzeichnungen, darunter *LTI/Lingua Tertii Imperii. Notizbuch eines Philologen* (1947). – *Die Dresdner Vernichtung*, in: *Ich will Zeugnis ablegen bis zum letzten. Tagebücher 1933–45.* (Hrsg. von Walther Nowojski unter Mitarbeit von Hadwig Klemperer. Mit einem Nachwort von Walther Nowojski.) 2 Bände in Kassette © Aufbau-Verlag GmbH, Berlin 1995.

BARBARA KÖHLER, geb. 1959 in Pennig/Sachsen; Literaturstudium in Leipzig, lebt seit 1994 als freie Autorin in Duisburg; Werke mit Gedichten und Textinstallationen, darunter *Blue Box. Gedichte* (1995) und *Wittgensteins Nichte. Vermischte Schriften/Mixt Media* (2005). – *Dresden der klassische Blick*, in: *Deutsches Roulette. Gedichte 1984–1989.* Frankfurt/Main: Suhrkamp 1991, S. 60 © Suhrkamp Verlag, Frankfurt/Main.

CHRISTIAN LEHNERT, geb. 1969 in Dresden; Studium der Orientalistik und Theologie, lebt als Lyriker und Pfarrer in Burkhardswalde; mehrere Gedichtbände, zuletzt *Ich werde sehen, schweigen und hören* (2004). – *Zwinger*, in: ders., *Der Augen Aufgang. Gedichte.* Frankfurt/Main: Suhrkamp 2000, S. 45 © Suhrkamp Verlag, Frankfurt/Main.

MICHEL LEIRIS, geb. 1901 in Paris, gest. 1990 in Saint Hilaire; Studium der Chemie, anschließend der Ethnologie, enge Beziehungen zu den Surrealisten bis 1929, seit 1931 Forschungsreisen in viele Länder; zahlreiche Werke, darunter ethnologische Schriften, Gedichte, Essays, erzählende Prosa und autobiographische Texte, u.a. *Mannesalter* (dt. 1975), *Ethnologische Schriften* (dt. 2 Bde. 1985). – *[Besuch in Dresden]*, in: ders., *Die Spielregel*, Bd. 4: *Wehlaut*. Aus dem Französischen von Hans Therre. Mit einem Nachwort von Waltraud Gölter. München: Matthes & Seitz 1999 [zuerst Paris 1976], S. 76f. © Matthes & Seitz Verlag, Berlin.

KARL MICKEL, geb. 1935 in Dresden, gest. 2000 in Berlin; Studium in Leipzig und Berlin, Tätigkeit als Redakteur und in der Leitung des Berliner Ensembles, seit 1978 freier Schriftsteller; Werke mit Gedichten, Essays und literaturhistorischen Aufsätzen, darunter *Schriften* (4 Bde. 1990) und *Geisterstunde. Gedichte* (2004). – *Frauenkirche* (geschrieben 1984), in: ders., *Palimpsest. Gedichte und Kommentare* 1975–1989 (Schriften 2). Halle und Leipzig: Mitteldeutscher Verlag 1990, S. 31f. © Carla Lehmann.

HARRY MULISCH, geb. 1927 in Haarlem (Niederlande); lebt seit 1949 als Schriftsteller in Amsterdam; zahlreiche, in viele Sprachen übersetzte Romane, darunter *Das Attentat* (1982, dt. 1986) und *Die Entdeckung des Himmels* (1992, dt. 1993). – *Das steinerne Brautbett. Roman.* Aus dem Niederländischen von Gregor Seferens. Frankfurt/Main: Suhrkamp 1995, S. 70–77 (Auszug; erstmals erschienen 1959 unter dem Titel *Het stenen bruidsbed*, erste dt. Übersetzung 1960) © Suhrkamp Verlag, Frankfurt/Main.

THOMAS ROSENLÖCHER, geb. 1947 in Dresden; arbeitete als Handelskaufmann und nach einem Studium als Arbeitsökonom, seit 1976 Literaturstudium in Leipzig, lebt seit 1983 als freier Schriftsteller in der Nähe von Dresden; Werke mit Gedichten und Prosa, darunter *Die verkauften Pflastersteine. Dresdner Tagebuch* (1990; 11. Aufl. 2003), *Die Dresdner Kunstausübung. Gedichte* (1996, Neuaufl. 2001), *Wie ich in Ludwig Richters Brautzug verschwand. Zwei Dresdner Erzählungen* (2005). – *Dampfschiffnudeln*, in: ders., *Ostgezeter. Beiträge zur Schimpfkultur.* Frankfurt/Main: Suhrkamp 1997, S. 45–55 © Suhrkamp Verlag, Frankfurt/Main.

INGO SCHULZE, geb. 1962 in Dresden; Studium in Jena, arbeitete als Dramaturg und Redakteur in Altenburg, seit 1993 als

Schriftsteller in Berlin; Prosatexte und die Romane *Simple Storys* (1998) und *Neue Leben* (2005). – *Nachtgedanken*, in: Deutsches Hygiene-Museum (Hg.), *Mythos Dresden. Eine kulturhistorische Revue*. Leipzig: Böhlau 2006, S. 19–27 (gekürzt vom Autor) © Ingo Schulze.

UWE TELLKAMP, geb. 1968 in Dresden; Studium der Medizin in Leipzig, New York und Dresden; lebt und arbeitet als Arzt und Schriftsteller in München und Dresden; veröffentlichte erzählende Prosa und Gedichte, darunter den Roman *Der Eisvogel* (2005). – *Auffahrt*, in: *Lose Blätter. Zeitschrift für Literatur* 9 (2005), H. 32, S. 933–939 [erstes Kapitel des Romans *Der Turm. Geschichte aus einem versunkenen Land.*] © Uwe Tellkamp.

B.K. TRAGELEHN, geb. 1936 in Dresden; arbeitete seit 1958 als Regisseur u.a. am Berliner Ensemble, nach Arbeitsverbot in der DDR seit 1979 an Theatern der Bundesrepublik, lebt seit 1989 als Schriftsteller in Berlin; publizierte Editionen zur Literatur, Übersetzungen und Gedichte. – *Grundschule* (entstanden 1985) und *Dresdner Elegie* (entstanden 1956), in: ders., *Nöspl. Gedichte 1956–1991*. 2., erw. Aufl. Basel, Frankfurt/Main: Stroemfeld 1996 [erste Aufl. 1982], S. 15 und 133 © B.K. Tragelehn.

MICHAEL WÜSTEFELD, geb. 1951 in Dresden; nach dem Studium an der TH Dresden seit 1974 Arbeit als Diplomingenieur, seit 1991 Publizist und Schriftsteller in Dresden; mehrere Gedichtbände, zuletzt *Wegzehrung. Gedichte 1990–1999* (2000). – *Blaues Wunder* (entstanden 1981), in: ders., *Blaues Wunder. Dresdens wunderliche Brücke*. Berlin: be.bra-Verlag 2002, S. 45 © Michael Wüstefeld.

Der Herausgeber DETLEV SCHÖTTKER, geboren 1954, lehrt Neuere deutsche Literatur und Medienanalyse an der TU Dresden; zahlreiche Publikationen zur Literaturgeschichte, Ästhetik und Medientheorie.

»Nur wenige Reiseführer sind so handlich und gleichzeitig so liebevoll gestaltet wie die Reise-SVLTOS bei Wagenbach.« Frankfurter Rundschau

FLORENZ *Eine literarische Einladung*

Schriftsteller beschreiben Florenz als Ort der Kunst, der Sprache und der Narretei.

»Unverzichtbar vor, während und nach einem Florenzbesuch.«

Manfred E. Schuchmann, Hessischer Rundfunk

Hrsg. von Marianne Schneider. 128 Seiten mit Abbildungen

KAFKAS PRAG *Ein Reiselesebuch*

Ein Portrait der literarischen und biografischen Orte Kafkas in seiner Heimatstadt, in Text und Bild.

»Ein wunderschönes Buch. Noch nie wurden die Bilder so kenntnisreich präsentiert und so liebevoll kommentiert.«

Frankfurter Allgemeine Zeitung

Hrsg. und mit einem Nachwort von Klaus Wagenbach
88 Seiten mit Abbildungen

WIEN *Eine literarische Einladung*

Eine literarische Einladung nach Wien: Schriftsteller grantln und raunzen über ihre Stadt und deren Bewohner. Die ideale Lektüre fürs Kaffeehaus und auch fürs Sofa daheim.

»Das richtige Rüstzeug für einen erkenntnisreichen Wienaufenthalt.«

3sat Kulturzeit

Hrsg. von Margit Knapp. 120 Seiten mit vielen Illustrationen

Dresden. Eine literarische Einladung
erschien im Mai 2006 als 140. *SVLTO.*

Verlag und Herausgeber danken den Autoren
und Rechteinhabern für die Abdruckgenehmigungen
(siehe Autoren- und Quellenverzeichnis).
Der Herausgeber dankt außerdem Frederik Hartig,
Robert Hodonyi, Hans-Gerd Koch, Hendrik Müller,
Katrin Partzsch und Klaus Wagenbach.

1. Auflage im Mai 2006

Umschlaggestaltung Julie August unter Verwendung
eines Fotos von Sven Döring © buchcover.com
Gesetzt aus der Garamond.
Vorsatzpapier von Peyer, Leonberg,
Einbandmaterial von Ernstmeier, Herford
Gedruckt auf chlor- und säurefreiem Papier (Schleipen) und
gebunden von Clausen & Bosse, Leck.
Printed in Germany.

ISBN-13 978-3-8031-1239-2
ISBN-10 3-8031-1239-7

9 783803 112392